共富之城

蔡昉 魏后凯
主编

社会科学文献出版社
SOCIAL SCIENCES ACADEMIC PRESS (CHINA)

# 前　言

　　2003 年，时任浙江省委书记的习近平同志提出了引领浙江发展、推进浙江各项工作的"八八战略"；2004 年，习近平同志调研嘉兴时指出"嘉兴完全有条件成为全省乃至全国统筹城乡发展的典范"，由此开启了嘉兴推进城乡融合与促进共同富裕的先行探索。十八年来，嘉兴忠实践行"八八战略"，铭记总书记嘱托，加强组织保障、规划引领、改革赋能、要素支撑，城乡融合发展与共同富裕水平走在全国前列。

　　根据党的二十大报告，实现全体人民共同富裕是中国式现代化的本质要求之一。中国全面建成小康社会，为促进共同富裕创造了良好条件，但发展不平衡不充分问题仍然突出，城乡区域发展和收入分配差距较大，中国进入全面推进城乡融合发展、扎实推动共同富裕的历史阶段。这赋予了嘉兴"以城乡融合促进共同富裕"的先行经验以现实意义和参考价值。

　　在此发展背景下，2021 年 6 月，中共嘉兴市委宣传部、嘉兴市社会科学界联合会委托中国社会科学院课题组开展"城乡融合发展、推进共同富裕的嘉兴智慧"研究。课题组由中国社会科学院原副院长蔡昉、中国社会科学院农村发展研究所所长魏后凯任组长，主要成员包括中国社会科学院农村发展研究所、人口与劳动经济研究所的 10 余位科研人员。课题组经过实地调研、座谈、资料收集、研讨会等，于 2022 年 2 月形成研究报告初稿，2022 年 4 月、8 月和 10 月根据嘉兴市领导和专家建议对书稿进行了多次修改。

《共富之城》是该课题的最终研究成果，包括总论和八个专题章节。总论旨在论证以城乡融合促进共同富裕的嘉兴经验的现实意义、可推广性及其具体做法，八个专题章节包括城乡融合发展历程、要素合理流动、基本公共服务普惠共享、基础设施一体化、产业融合发展、社会治理现代化、生态环境治理一体化、走向共同富裕的战略选择等方面内容。

总论部分研究提出以城乡融合促进共同富裕的嘉兴经验。当前，中国进入全面推进城乡融合、扎实推动共同富裕的历史阶段，系统总结先发展地区的成功经验具有一定的现实意义和参考价值。嘉兴城乡融合与共同富裕水平走在全国前列，树立了典范，形成了人民生活幸福美好、城乡产业融合发展、公共服务优质均衡、乡村环境全域秀美、基础设施城乡一体、农村生活和谐文明的高水平城乡融合发展格局。总体来看，嘉兴走出了一条组织有序、规划引领、改革赋能、要素支撑的以城乡融合促进共同富裕的发展道路，创新探索或率先实践了包括"十改联动"、多措并举促增收、农业经济开发区、城乡教育公平、市域总体规划、"三治"融合、精神文明高地建设、新居民管理、"飞地抱团"等一系列可推广、可复制的嘉兴经验。未来，嘉兴将在率先实现城乡融合与共同富裕的道路上踔厉奋发、笃行不怠。

第一章研究了嘉兴市城乡融合发展的历程和现状。首先将嘉兴市百年城乡融合发展历程，划分为城乡二元分割阶段、城乡统筹发展阶段、城乡统筹突破阶段和城乡融合发展阶段四个阶段。总体上看，2004年以来，嘉兴市始终遵循习近平总书记"成为全省乃至全国统筹城乡发展的典范"的殷切期望，坚持走统筹城乡发展、推进共同富裕之路。城乡融合发展取得了一定的成效，建立了城乡融合发展相关体制机制，逐步制定了一系列相关政策，城乡居民生活水平差距逐步缩小，城乡基本公共服务均等化加快推进，农村生态环境建设取得突出成效，要素市场改革取得初步成效。其次，采用城乡融合发展指数对嘉兴市城乡融合发展程度和进展进行了评价。测算结果显示，嘉兴市城乡融合程度较高，并呈现逐年提升态势。特别是在2004年之后，城乡融合步伐明显加快。

第二章研究了嘉兴市促进城乡要素合理流动和优化配置的经验。城乡要素自由流动和平等交换是城乡融合发展的必然要求，也是协调推进乡村振兴战略和新型城镇化战略的重要支撑。近年来，嘉兴市基本破除了城乡要素自由流动和平等交换的体制机制壁垒，城乡要素自由流动制度性通道基本打通，城市资本、人才、技术下乡的进程不断加快，城乡要素双向自由流动的格局正在加速形成，走在了全国城乡要素合理流动和优化配置的前列，成为以要素自由双向流动助推城乡融合发展的典范。未来，嘉兴应从根本上破除城乡分割的体制弊端，着力破解阻碍城乡要素流动的各种障碍，重点推动城乡要素从乡村到城市的单向流动转变为城乡双向自由流动。顺应新型城镇化发展趋势，着力打通农民进城落户通道，加快推进在县域就业的农民工就地市民化。有序推进人才和资本下乡，促进城镇各类人才参与乡村振兴，合理引导城市资本有序下乡并加以监督，建立有利于城乡融合发展的多元化投融资机制。深化农村土地制度改革，打通农村闲置宅基地盘活利用与集体经营性建设用地入市之间的制度通道，逐步扩大农村宅基地的交易半径，建立完善城乡统一的建设用地市场。

第三章研究了嘉兴市促进城乡基本公共服务普惠共享的经验。缩小城乡基本公共服务差距，是落实以人民为中心的发展思想、改善城乡人民生活品质的重大举措，也是全面促进城乡融合，扎实推动共同富裕的题中应有之义。近年来，嘉兴通过全面建立城乡均衡的教育资源配置机制，积极构筑城乡统筹的健康医疗服务体系，不断深化城乡一体化的社会保障体系，持续打造现代化城乡公共文化服务体系，积极构建城乡统一的就业创业体系等一系列举措，促进城乡教育、医疗、社保、公共文化、就业创业等服务体系普惠共享发展，取得巨大成就，成为全国城乡基本公共服务普惠共享的样板。未来嘉兴应进一步加大城乡高质量基本公共服务供给，优化城乡基本公共服务空间配置，健全城乡基本公共服务标准体系，强化城乡基本公共服务人才基础，创新城乡基本公共服务多元化供给模式，实现城乡基本公共服务更高质量的普惠共享发展，树立民生幸福嘉兴样板，走好共建共享的共富路。

第四章研究了嘉兴市推进城乡基础设施一体化的经验。城乡基础设施一体化一直是我国推进城乡一体化发展的首要内容，也是嘉兴市推进城乡一体化建设的工作重心。本章首先梳理了城乡基础设施一体化概念在我国的发展演变和各级政府出台的一系列有关的法律法规和政策，发现嘉兴市的发展理念一直走在全国前列。其次，回顾了嘉兴市城乡基础设施一体化建设在各个方面所取得的丰硕成果，并且将嘉兴市图书馆中心馆—总分馆模式、城乡公交一体化模式、联丰村美丽乡村模式和海盐公共服务均等化模式等总结归纳为独特的"嘉兴模式"。然后将嘉兴市在城乡基础设施一体化发展过程中的一些优势和不足进行整理和概括，发现以人民利益为出发点，因时因地制宜是嘉兴市城乡基础设施一体化建设的主要经验，可以为全国其他省市提供借鉴。最后，对嘉兴市基础设施建设进行探讨，以期为嘉兴市能够继续提高城乡基础设施建设一体化水平，构建城乡融合发展格局，成为全国城乡统筹发展的典范提供借鉴。

第五章研究了嘉兴市促进城乡产业融合发展的经验。嘉兴市始终以农业农村为核心来推动城乡产业融合发展，重点通过打造多层次以农业为基础的城乡产业融合平台、实施"飞地抱团"促进城乡产业资源共享、强化城乡规划一体化设计、打破城乡产业融合体制机制壁垒等举措，推动形成了比较完善的城乡产业融合平台体系，农村新产业新业态发展迅速，农业全产业链不断健全，农产品价值链不断提升，农业创新链不断完善。为进一步促进嘉兴市城乡产业高质量融合发展，领先一步建设成为浙江共同富裕示范区典范城市，应对当前城乡融合发展面临的主要挑战，应以延伸农业产业为切入点，以提升农产品价值为核心，以畅通城乡要素市场为重点，以共享城乡创新资源为基础，以筑牢城乡利益共同体为目标，以镇域为主要空间载体，打破城乡产业分界，构筑城乡一体化的产业链、价值链、要素链、创新链和利益链，为城乡共同富裕的实现打下坚实的产业基础。

第六章研究了嘉兴市推进市域治理现代化的经验。市域治理是国家治理体系的重要组成部分，也是实现共同富裕的基础与制度保证。本章系统性总结了嘉兴社会治理变迁历史和逻辑，较为全面地归纳了其典型做法与经验，基于此提出了嘉兴市域社会治理现代化的目标与实施路径。总结起来，嘉兴市域治理现代化的典型特征在于嘉兴充分利用现代互联网技术推进了市域治理智慧化，并创新运用积分制，以及通过"微党建"和"微项目"推进"微治理"，并以"微治理"带跑"长效治理"，有效构建了自治、德治、法治、智治"四治"相融合的基层治理体系，实现了基层治理"社会化、法制化、智能化、专业化"，实现了更高水平的基层治理体系，促进了治理能力现代化水平发展，其经验值得进一步推广与复制，共享基层治理改革创新成果，加快实现我国基层治理体系和治理能力现代化建设目标要求。

第七章研究了嘉兴市推进城乡生态环境治理一体化的经验。城乡生态环境治理一体化是城乡一体化的重要内容，在新发展阶段，嘉兴市围绕打造国家城乡融合发展试验区，在推进共同富裕道路上开启新探索、新实践。嘉兴市推动城乡生态环境治理一体化，经历了实践起步、深化突破和深度融合三个阶段，在主体责任、规划示范、改革创新、资金投入、污染防治五个方面形成了符合区域特点的做法和经验，在改善生态环境和绿色发展两个方面取得了明显成效。新发展阶段，嘉兴市要高质量推动生态环境治理一体化，要应对生态环境质量不高、机制不完善、资金保障不充足、技术支撑不强等方面的挑战。为此，应从理念创新、能力建设、资金保障、宣传引导四个层面采取有效措施。

第八章研究了嘉兴市率先走向共同富裕的战略选择。共同富裕是城乡融合发展的根本目标，浙江以城乡融合促进共同富裕，树立起全国典范。嘉兴市统筹城乡发展水平连续多年居浙江首位，在城乡融合、区域协同、社会公平、改革创新等方面，具备建设浙江共同富裕示范区先行市的坚实基础。嘉兴推进共同富裕，要明确"共同富裕典范城市和社会主义现代化先行市"的发展定位，构建有嘉兴特色的"3+6"发展战略，以解决区域、城乡、收入三大差距问题为突破口，聚焦六大重点任务，实现发展质量、分配结构、公共服务、基层治理、生态环境、空间布局等领域的全面提升和优化，在城乡融合过程中步入共同富裕。

蔡昉研究员、魏后凯研究员多次组织研讨会，对书稿写作和修改进行指导。各部分具体分工如下：总论由魏后凯、苏红键主笔；第一章由王宾主笔；第二章由李登旺主笔；第三章由李玏主笔；第四章由王术坤主笔；第五章由年猛主笔；第六章由张延龙主笔；第七章由于法稳主笔；第八章由崔凯主笔。贾朋参与了课题调研和讨论。

中共嘉兴市委范庆瑜、祝亚伟等领导高度重视本书编写工作，全程指导把关。嘉兴市社科联黄国强、姚伟、胡勤芳等同志负责课题研究策划、组织协调和书稿审阅工作。浙江省、嘉兴市参与书稿审读的领导和专家还有（按姓氏笔画排名）：王登峰、朱少平、刘松洁、汪洪波、陈先春、郑毅、顾志刚、顾骅珊、顾益康、葛永元。嘉兴市社科联办公室负责联络工作。本书编写过程中得到了嘉兴市各级有关部门的大力支持，在此一并表示诚挚的谢意。

最后，本书的顺利出版还要感谢社会科学文献出版社陈凤玲团队优秀的编校工作和建议。

# 目　录

# 目 录

# 总　论　以城乡融合促进共同富裕的嘉兴样板

　　当前，中国进入全面推进城乡融合、扎实推动共同富裕的历史阶段，系统总结先发展地区的成功经验具有一定的现实意义和参考价值。2003 年，时任浙江省委书记的习近平同志提出了引领浙江发展、推进浙江各项工作的"八八战略"[1]，2004 年，习近平同志到嘉兴调研时指出"嘉兴完全有条件成为全省乃至全国统筹城乡发展的典范"，由此开启了嘉兴推进城乡融合与共同富裕的先行探索。十八年来，嘉兴忠实践行"八八战略"，铭记总书记嘱托，加强组织保障、规划引领、改革赋能、要素支撑，在推进城乡融合与促进共同富裕方面走在全国前列，创新探索或率先实践了包括"十改联动"、多措并举促增收、农业经济开发区建设、城乡教育公平、市域总体规划、"三治融

---

[1]　2003 年，时任浙江省委书记的习近平同志做出"发挥八个方面的优势""推进八个方面的举措"的决策部署，简称"八八战略"。"八八战略"是全面系统开放的理论体系，涵盖了习近平同志在浙江工作时做出的一系列重大决策部署，与时俱进融汇集合了党的十八大以来习近平总书记重要指示、党中央重大决策部署在浙江贯彻落实的战略要求，是习近平新时代中国特色社会主义思想在浙江萌发与实践的集中体现，是引领浙江走向共同富裕和现代化的总纲领。

合"、精神文明高地建设、新居民管理、"飞地抱团"等一系列可推广、可复制的嘉兴经验。未来,嘉兴将在率先实现城乡融合与共同富裕的道路上踔厉奋发、笃行不怠。

# 一 中国进入全面推进城乡融合与共同富裕的历史阶段

实现全体人民共同富裕是中国式现代化的本质要求之一。中国全面建成小康社会,为促进共同富裕创造了良好条件,但发展不平衡不充分问题仍然突出,城乡区域发展和收入分配差距较大,中国进入全面推进城乡融合发展、扎实推动共同富裕的历史阶段。在此阶段,推进城乡融合与共同富裕存在多方面的重点难点,这赋予了嘉兴"以城乡融合促进共同富裕"的先行经验以现实意义和参考价值。

## (一)推进城乡融合与共同富裕的宏观战略

城乡共同富裕是全体人民共同富裕的主要维度之一,这体现了城乡融合发展与共同富裕之间的关系。中国在总体发展阶段上经历了从全面建成小康社会到扎实推动共同富裕的转变,在城乡关系上经历了从城乡统筹、城乡一体化发展到城乡融合发展的演进,当前进入两大战略协同推进的新时期。

一方面,中国进入扎实推动共同富裕的历史阶段。共同富裕是社会主义的本质要求,是人民群众的共同期盼。改革开放以来,通过允许一部分人、一部分地区先富起来，先富带后富，极大解放和发展了社会生产力，人民生活水平不断提高。党的十八大以来，党中央把握发展阶段新变化，把逐步实现全体人民共同富裕摆在更加重要的位置上，推动区域协调发展，采取有力措施保障和改善民生，打赢脱贫攻坚战，全面建成小康社会，为促进共同富裕创造了良好条件（习近平，2021）。

党的十九届五中全会对扎实推动共同富裕做出重大战略部署。共同富裕具有鲜明的时代特征和中国特色，是全体人民通过辛勤劳动和相互帮助，普遍达到生活富裕富足、精神自信自强、环境宜居宜业、社会和谐和睦、公共服务普及普惠，实现人的全面发展和社会全面进步，共享改革发展成果和幸福美好生活。

党的二十大报告指出实现全体人民共同富裕是中国式现代化的本质要求之一，"我们要实现好、维护好、发展好最广大人民根本利益……扎实推进共同富裕"。

习近平（2021）指出要分阶段促进共同富裕。到"十四五"时期末，全体人民共同富裕迈出坚实步伐，居民收入和实际消费水平差距逐步缩小。到2035年，全体人民共同富裕取得更为明显的实质性进展，基本公共服务实现均等化。到本世纪中叶，全体人民共同富裕基本实现，居民收入和实际消费水平差距缩小到合理区间。

2021年5月发布了《中共中央　国务院关于支持浙江高质量发展建设共同富裕示范区的意见》，提出通过示范区建设，进一步丰富共同富裕的思想内涵，探索破解新时代社会主要矛盾的有效途径，为全国推动共同富裕提供省域范例，打造新时代全面展示中国特色社会主义制度优越性的重要窗口。

另一方面，中国进入全面推进乡村振兴和城乡融合发展的新时期。城乡融合发展既是推动共同富裕的路径，也是共同富裕的标志。当前，我国发展进程中最大的不平衡是城乡关系的不平衡，最大的不充分是乡村发展的不充分。改革开放特别是党的十八大以来，我国在统筹城乡发展、推进新型城镇化方面取得了显著进展，但城乡要素流动不顺畅、公共资源配置不合理等问题依然突出，影响城乡融合发展的体制机制障碍尚未根本消除。2017年，十九大报告提出"实施乡村振兴战略……建立健全城乡融合发展体制机制和政策体系，加快推进农业农村现代化"，2018年，中央一号文件提出要坚持城乡融合发展，加快形成"工农互促、城乡互补、全面融合、共同繁荣的新型工农城乡关系"。党的十九届五中全会和2021年中央一号文件表述为加快形成"工农互促、城乡互补、协调发展、共同繁荣的新型工农城乡关系"。党的二十大报告将"着力推进城乡融合"作为高质量发展的重点任务之一。

为重塑新型城乡关系，走城乡融合发展之路，促进乡村振兴和农业农村现代化，中共中央、国务院2019年发布了《关于建立健全城乡融合发展体制机制和政策体系的意见》。根据该意见，在2022年城乡融合发展体制机制初步建立的基础上，到2035年，城乡融合发展体制机制更加完善。城镇化进入成熟期，城乡发展差距和居民生活水平差距显著缩小。城乡有序流动的人口迁徙制度基本建立，城乡统一建设用地市场全面形成，城乡普惠金融服务体系全面建成，基本公共服务均等化基本实现，乡村治理体系更加完善，农业农村现代化基本实现。到本世纪中叶，城乡融合发展体制机制成熟定型，城乡全面融合，乡村全面振兴，全体人民共同富裕基本实现（苏红键，2021）。

## （二）以城乡融合促进共同富裕的重点难点

从 2002 年开始推进城乡统筹、城乡发展一体化，到 2014 年以来的新型城镇化战略、2017 年以来的乡村振兴和城乡融合发展战略，城乡收入、产业、服务、基建、文化、治理等领域均等化、一体化和融合发展水平全面提升[1]，为城乡融合、共同富裕打下了扎实基础。未来以城乡融合促进共同富裕的重点难点主要体现在以下十个方面。

第一，城乡融合发展体制机制有待完善，城乡要素统筹利用水平有待提升。当前随着户籍制度和公共服务均等化的推进，人口乡城迁移壁垒不断降低。自 2014 年新型城镇化和户籍制度改革、公共服务制度改革[2]推进以来，加之 2019 年发布《关于建立健全城乡融合发展体制机制和政策体系的意见》，城乡融合发展体制机制改革有序推进，成效显著。现有问题主要体现在城乡土地统筹利用方面，随着人口乡城迁移，土地资源表现出显著的城乡错配，在城市建设用地紧缺的同时，农村土地利用效率较低（苏红键，2021）。当前，很多地区均有着与城市建设用地体量接近的农村集体建设用地，违规开发或低效开发问题严重，呈现"一边楼宇经济，一边瓦片经济"的状态。

第二，城乡居民收入差距有待缩小，农民增收渠道较少。中国城

---

[1]《中共中央　国务院关于建立健全城乡融合发展体制机制和政策体系的意见》（2019 年 4 月 15 日）。

[2] 国家新型城镇化规划（2014~2020 年）、《国务院关于进一步推进户籍制度改革的意见》（国发〔2014〕25 号）。

乡居民收入比自 2009 年（3.11）开始逐年降低，2020 年降至 2.56。农民增收是缩小城乡收入差距的关键。从城乡居民人均可支配收入来源看，农村居民收入中工资性收入贡献最大，2020 年为 40.70%，近年来保持在 40% 左右；经营净收入占比为 35.48%，比重逐年降低；财产净收入占比最小，仅 2.44%，基本稳定；转移净收入占比 21.37%，有所增长。农业经营收入较低、增收功能较小，特别是对于粮食类作物，据调查，2019 年，农民亩均总收入平均约 1200 元左右，自耕亩均净收入为 700~800 元 [1]。

第三，城乡产业融合发展水平有待继续提升，农村产业现代化水平有待提高。在乡村振兴和城乡融合发展战略背景下，伴随农村一二三产业融合发展的推进，农产品产业链不断加强、乡村旅游促进城乡全域旅游发展、农村电商促进城乡电商一体化发展，智慧农业、城乡商贸物流体系、城乡金融等城乡融合型产业快速发展（苏红键，2021）。当前，城乡产业融合发展的短板主要在农村产业现代化水平较低，表现在农产品质量安全问题突出、农产品精深加工不足、农业科技支撑能力相对不足等。同时，作为城乡产业融合发展的重要载体，县域经济发展水平有待进一步提升，重点需要加快围绕县域特色农业、特色产业，促进三次产业融合发展。

第四，城乡公共服务质量有待提升，城乡教育公平问题尤为突出。自 2002 年以来城乡统筹和城乡发展一体化的推进，城乡居民在教育、医疗、社会保障等方面基本实现全覆盖、均等化。乡村医疗卫生条件不断改善，城乡医疗资源基本配置差距不断缩小，各地农村居民对城市优质医疗资源的可获得性显著提高。2014 年起，各地陆续

---

[1] 数据来源为中国社会科学院农村发展研究所乡村振兴数据库（2020 年）。

建立了统一的城乡居民基本养老保险。2016 年起，各地陆续实现城乡居民医疗保险"六统一"[1]。在越来越多农村子女进城入学的大背景下，城乡教育优质均衡成为当前城乡公共服务均等化的难点（苏红键，2021），十九届五中全会和"十四五"规划都提出"促进教育公平，推动义务教育均衡发展和城乡一体化"的要求，实现城乡教育公平任重道远。

第五，城乡生态文明建设需要持续推进，农村生态环境治理有待加强。农村生态文明建设，既是全面推进乡村振兴的重要内容，也是加强生态文明建设的应有之义。近年来，随着乡村振兴战略以及农村人居环境整治工作的推进，乡村面貌焕然一新。在污染防治攻坚战中，通过碧水保卫战，加强农业面源污染防治，累计完成 13.6 万个建制村环境整治；通过净土保卫战，完成农用地安全利用和污染地块安全利用两个 90% 的目标，完成了农用地的土壤污染状况详查。当前，农村生态环境成为乡村全面振兴的短板与弱项，农村生态治理面临的生态环境、生产环境、人居环境形势依然严峻（于法稳，2021）。新时期需要继续补齐农村生态环境治理短板，加强城乡生态文明建设。

第六，城乡基础设施一体化水平有待继续提高，农村新基建有待加强。近年来，在乡村振兴战略背景下，村庄道路、公共设施和新型基础设施建设快速推进，城乡基础设施一体化水平显著提升。一方面，村庄道路、供水、燃气、垃圾污水处理等基础设施建设有序推进，村容村貌明显改善，城乡基础建设一体化水平不断提高。另一方

---

[1]　"六统一"为统一覆盖范围、统一筹资政策、统一保障待遇、统一医保目录、统一定点管理、统一基金管理。

面，随着乡村振兴战略和数字乡村建设[1]的推进，城乡"数字鸿沟"不断缩小。新时期，要坚持城乡基础设施一体化建设目标，进一步提升乡村基础设施建设质量，促进城市新基建向乡村延伸，加快推进乡村基础设施建设提质升级，因地制宜加快推进新型基础设施建设和数字城乡建设（苏红键，2022）。

第七，城乡治理现代化水平有待提升，基层治理有待加强。习近平总书记高度重视基层治理工作，反复强调"基层强则国家强，基层安则天下安，必须抓好基层治理现代化这项基础性工作"。2021年4月28日发布《中共中央　国务院关于加强基层治理体系和治理能力现代化建设的意见》。近年来，市域社会治理现代化稳步推进、新技术在社会治理中加快应用、各地在基层治理中积极探索创新[2]，但总体还存在城乡治理割裂、乡村治理资源匮乏、治理结构固化和公共产品供给低效等困境（刘合光，2022），基层治理水平、城乡治理一体化和现代化水平有待进一步提高。

第八，城乡精神文明建设有待持续推进，乡风文明建设有待加强。习近平总书记指出共同富裕"是人民群众物质生活和精神生活都富裕"，"要强化社会主义核心价值观引领，加强爱国主义、集体主义、社会主义教育，发展公共文化事业，完善公共文化服务体系，不断满足人民群众多样化、多层次、多方面的精神文化需求"。

---

[1]　2018年陆续发布的《中共中央　国务院关于实施乡村振兴战略的意见》《乡村振兴战略规划（2018~2022年）》和2019年中央一号文件均提出了"实施数字乡村战略"，2019年5月印发了《数字乡村发展战略纲要》。

[2]　中农办、农业农村部2019年推介首批20个乡村治理典型案例，2020年第二批推介34个典型案例。《中央农村工作领导小组办公室秘书局　农业农村部办公厅关于推介第二批全国乡村治理典型案例的通知》，农业农村部网站，http://www.moa.gov.cn/nybgb/2020/202012/202102/t20210201_6360847.htm。

这为城乡精神文明建设提出了新的更高要求。近年来，乡风文明建设在移风易俗方面取得显著成效[1]，乡村公共文化服务水平不断提高，新媒体技术极大促进了城乡文化交流和融合。未来需要继续加强乡风文明建设、推进城乡精神文明建设，促进城乡居民精神生活富裕。

第九，流动人口市民化水平有待提升，户籍制度改革进入攻坚阶段。农业转移人口市民化是以人为核心的新型城镇化的主要任务，也是城乡融合发展体制机制改革的重要内容之一。当前，除了少数特大超大城市之外，影响农业转移人口市民化进程的原因不再是落户条件，而是落户意愿（苏红键，2020）。随着户籍制度改革和基本公共服务均等化的推进，流动人口城镇落户意愿不断降低，两类人口城镇化率差距从 2010 年 15.67 个百分点扩大到 2020 年 18.49 个百分点。由于是否落户对流动人口市民化的影响越来越小，未来需要加快推进基本公共服务均等化和优质均衡，推动户籍制度改革攻坚。

第十，地区之间城乡融合发展水平差距明显，地区之间共同富裕水平有待提升。受区域发展差异的影响，各类城市以及离城市不同距离的地区城乡融合发展特征不同（李爱民，2019）。分城市类型来看，城市群地区处于向高水平城乡融合迈进阶段，区域性中心城市（大城市、中等城市）处在城乡分割向高水平城乡融合发展的准备阶段。分地区来看，东部地区的城乡福祉均等化水平最高，中部地区次之，东北地区和西部地区的城乡发展均等化水平略低（苏红键，2021）；各地区的城乡收入水平和城乡收入差距的特点均不一样。新时期推进城乡融

---

[1]　参见中央农村工作领导小组办公室、农业农村部、中央组织部、中央宣传部、中央文明办、教育部、民政部、司法部、文化和旅游部、共青团中央、全国妇联《关于进一步推进移风易俗建设文明乡风的指导意见》（2019 年 9 月 4 日）。

合、共同富裕，既要考虑地区差异、因地制宜推进，同时也要加强地区合作，实现以强带弱、共享发展。

## 二　嘉兴走在全国城乡融合与共同富裕的前列

嘉兴走在全国城乡融合与共同富裕的前列，为其他地区以城乡融合促进共同富裕树立了典范。十八年来，嘉兴市牢记习近平总书记嘱托，积极探索统筹城乡发展路径，一张蓝图绘到底，一任接着一任干，走出了一条具有嘉兴特色的城乡融合发展之路。2019 年嘉兴入选国家城乡融合发展试验区，五县两区均位居 2020 中国城乡统筹百佳县市前列，在推进城乡融合、共同富裕的各个领域都取得了卓越的成效。

### （一）人民生活幸福美好

第一，农民收入领跑全省。2021 年全市农村居民人均可支配收入 43598 元，连续 18 年保持全省第一。城乡低保标准提高到 920 元 / 月；低收入农户人均可支配收入达到 22068 元，绝对值和增长率居全省首位。第二，农民生活持续改善。2021 年农村居民恩格尔系数下降到 27.3%；人均居住面积达 72.4 平方米。农村居家养老服务照料中心实现行政村全覆盖，其中 76% 达到 AAA 级以上标准[1]。人均预期寿命 82.82 岁。第三，村级经济发展壮大。全市村集体经济总收入

---

[1]　未特别说明时为 2020 年数据。

达 42.25 亿元，村均 515.8 万元。村集体经常性收入平均达到 285.53 万元。年经常性收入在 100 万元以上的村达到 100%，18% 的村集体开展股份分红。

## （二）城乡产业融合发展

第一，产业结构不断优化。粮油战略产业地位稳固，粮食面积产量稳中有增。主导产业产值占比接近 75%，粮食与经济作物产值比为 55.3∶44.7。乡村旅游业蓬勃发展，年接待游客 1397 万人次，旅游收入 14 亿元。建成农村电商创业基地 91 家、"淘宝镇" 42 个、"淘宝村" 196 个，农产品网络零售额 109.1 亿元。第二，发展平台优化升级。首创农业经济开发区模式，实现县（市、区）全覆盖。建成特色农业强镇 7 个，农业全产业链 6 条。建成国家级星创天地 7 家、省级 13 家。建设小微企业园 153 家，已入园小微企业达 3911 家。第三，农业科技能力较强。建成国家级农业科技园区 1 家、省级农业科技园区 4 家、重点农业企业研究院 3 家、农业科技研发中心 93 家。设施农业面积约 33 万亩，水稻耕种收综合机械化水平达 86.3%。益农信息社实现行政村全覆盖，平湖、海宁、桐乡、秀洲成为全国县域数字农业农村发展水平评价先进县。第四，形成适度规模经营格局。累计流转土地 150.73 万亩，流转率 69.92%，农业法人化经营比例达 75%。注册家庭农场 7081 家，培育合作社 1214 家，市级以上农业龙头企业 162 家。农业现代化发展水平综合评价居全省前列，2020 年实现农林牧渔业增加值 134.56 亿元。

## （三）公共服务优质均衡

第一，统筹城乡就业创业机制全面建立。城乡劳动者基本实现平等就业，农村实有劳动力二三产业就业比例提高到 86.2%，农村居民人均可支配收入中工资性收入占比达 63.9%。第二，社会保障体系不断完善。覆盖城乡的社会"大救助"体系全面建立，"两不愁三保障"全面落实，基本养老保险参保率达到了 97%，基本医疗参保率99.4%，率先实现城乡低保标准同标同保。第三，城乡教育资源布局优化。在全国率先实现国家义务教育均衡发展县满堂红，农村等级幼儿园实现全覆盖，其中心幼儿园中一级占比达 49%；义务教育学校标准化率达 99.32%。第四，公共卫生服务全面提升。城乡居民"20分钟医疗卫生服务圈"可及性达到 100%，镇卫生院、村卫生室一体化管理率 100%，村卫生室标准化建设率达到 100%，基层就诊率达到 72.11%，基本公共卫生绩效评价全省第一。第五，公共文体服务供给丰富。图书馆、文化馆总分馆制全面推行，实现网点布局、服务标准、数字服务、效能评估、下派上挂"五统一"，打通了基层公共文化服务"最后一公里"，成功创建国家公共文化服务体系示范区。乡村艺术团总数达到 4707 个，参与人数 10.45 万人，年开展各类文化活动 10 万余次。乡村每万人拥有体育健身组织 11 个，每年开展乡村体育赛事活动 12 万余次。

## （四）乡村环境全域秀美

第一，人居环境提档升级。"垃圾革命、污水革命、厕所革命"

深入推进，农村生活垃圾分类处理、农村生活污水治理、无害化卫生厕所行政村全覆盖。小城镇环境全面整治，创建国家级卫生乡镇36个，占比85.71%，居全省第一；省级卫生乡镇实现县（市、区）全覆盖，省级卫生村创建成功率100%，居全省第一。第二，生态指标大幅改善。全市地表水市控断面Ⅲ类水质、劣Ⅴ类水全面"清零"，改善幅度居全省首位，市区空气质量优良率首次达到80%。第三，美丽联创持续深化。深入实施"千万工程"，全力打造美丽乡村3.0版，成为全省美丽乡村建设"五朵金花"之一。累计建成美丽乡村精品线29条（段），省级美丽乡村示范县3个、示范镇36个、特色精品村117个、精品示范村（AAA级景区村庄）62个。建成"优美庭院"示范村435个，示范户28万户。建成美丽经济交通走廊2246公里，美丽河湖270条（片）。第四，美丽田园扩面提标。生态种养技术全面推广，测土配方施肥技术覆盖率达96.1%，农作物秸秆综合利用率达96.81%，化肥和农药使用强度逐年降低。

## （五）基础设施城乡一体

第一，交通网络实现城乡一体。农村公路密度达1.9公里/平方公里，居全省第一；"四好农村路"走在全省前列，公路优良中等率96.1%；基本做到了通村达组到户，全市所有镇（街道）15分钟均可上高速。城乡三级公交网络畅通有序，公交通村率达到100%，城乡交通运输一体化发展水平全部达到5A级，位居全省前列。第二，供电、供水、供网实现城乡一体。电力基础设施网络体系日益完善，新农村电气化镇村全覆盖，率先成为全国新农村电气化地级市；城乡一体化供水覆盖率100%，实现供水"同网、同质、同价、同管理"；所有行政村实现了广播、有线电视、宽带网络全覆盖，农村通信网络 4G 全覆盖，建成 5G 基站 1300 多个，固网平均速率突破 100Mbps。第三，公共文体设施实现城乡一体。建成市、县、镇、村四级文化馆（站）和公共图书馆（室），镇（街道）综合文化站一级站占比 94.4%，图书流通站点覆盖实现 2.5 万人／馆。建成各类博物馆 34 个、剧院 61 个。南湖、嘉善、海宁被列入新时代文明实践中心建设全国试点，新时代文明实践中心和文化礼堂实现行政村全覆盖。建成非遗主题小镇 8 家、乡村"文化名师工作室"51 个、乡村"运动家"智慧体育社区 60 个。率先实现省级体育强镇、小康体育村双覆盖，人均体育场地面积 2.3 平方米以上，基本形成城乡一体化"15 分钟健身圈"。第四，农田基础设施全面提升。实施省级全域土地综合整治与生态修复工程 74 个，面积 136.8 万亩。省内率先探索建立耕地保护补偿机制，建成永久基本农田 260 万亩，其中高标准农田 214.5 万亩，一、二等田占比超过 93%。建成粮食生产功能区 115.7 万亩。

## （六）农村社会和谐文明

第一，"三治"融合打响品牌。"三治"融合的"嘉兴经验"成为浙江基层社会治理的重要品牌，被写入党的十九大报告，并被中央政法委定位为新时代"枫桥经验"的精髓、新时代基层社会治理创新的发展方向。桐乡、海宁被列入全国乡村治理体系试点，平湖"股份分红＋善治积分"管理模式由农业农村部向全国推广。新时代"网格连心、组团服务"不断深化，实现网格党组织全覆盖。第二，平安建设成果显著。荣获一星平安金鼎和全国综治最高奖"长安杯"。实现民商事案件、刑事案发数、信访总量、安全事故下降和平安建设参与率、群众安全感满意率、执法满意率上升的"四降三升"。率先实现社会矛盾纠纷调处化解中心县镇全覆盖。市级以上民主法治村占比达到70%。第三，文明乡风传承弘扬。"勤善和美，勇猛精进"的新时代嘉兴人文精神深入人心，县级以上文明村镇建成率达到94%，居全省首位。累计成功创建全国文明村19个、文明镇7个；县级以上文明村镇创建率98.3%，居全省首位。36个省级历史文化村落通过验收，3个村落入选中国传统村落名录。

## 三　以城乡融合促进共同富裕的嘉兴模式

十八年来，嘉兴市铭记总书记嘱托，通过加强组织保障、规划引领、改革赋能、要素支撑，在统筹城乡发展道路上砥砺前行，探索出了一条以城乡融合促进共同富裕的成功模式。

### （一）坚持一张蓝图绘到底

嘉兴历届市委、市政府深入贯彻落实习近平同志重要指示精神，把统筹城乡发展放在突出位置，以"干在实处、走在前列、勇立潮头"的政治自觉，以"功成不必在我，功成必定有我"的政治定力，着力破除城乡二元结构，建立健全统筹城乡发展的体制机制，加快农业农村现代化进程。市第五次党代会将"城乡一体化"确立为全市经济社会发展的"五大战略"之一；市第六次党代会提出"科学发展，建设和谐嘉兴"，将城乡一体化列为九大任务之首；市第七次党代会确立"建设现代化网络型田园城市"目标，提出"把统筹城乡改革发展摆在全局工作的重中之重"；市第八次党代会提出"全面推进城乡、区域一体化发展，全力打响嘉兴统筹城乡发展的金名片"。十八年咬定目标、久久为功，嘉兴城乡融合发展走在了全省、全国前列。

## （二）完善组织管理体系

一是加强党对城乡发展的全面领导。成立城乡一体化工作领导小组，实行书记、市长双组长制，分管副书记和副市长担任副组长，市级有关部门主要负责人以及各县（市、区）分管领导为成员。统筹城乡重点工作列入县（市、区）年度目标责任制和市级部门年度考评。二是创新涉农管理服务体制。率先探索涉农行政管理"大部门"制，逐步推行党委、政府涉农部门集中办公、合署办公进而全面整合，实现人员集中、资源集聚，增强工作合力。创新发展"新仓经验"，率先建立"农合联"，着力拓展为农服务功能，延伸服务链条，提升服务效能。三是建立协作推进机制。市级层面抓好统筹城乡发展的总体设计，县（市、区）发挥好主体作用，做好县域内具体工作。市级部门由农办（统筹办）总牵头，相关部门各司其职，各尽其力，协同推进。全市上下形成党委统一领导、政府主导、部门协同、市县联动的工作推进机制。

## （三）坚持顶层设计引领

2004年，嘉兴因时因势做出实施城乡一体化战略的重要决策，颁布了《嘉兴市城乡一体化发展规划纲要》，明确推进城乡一体化的指导思想、基本原则和阶段目标。2008年，嘉兴市出台《关于开展统筹城乡综合配套改革试点的实施意见》，紧密结合自身优势和基础条件，深入推进统筹城乡综合配套改革，建立"1+X+Y"规划体系，构筑"1640"和"四百一千"的城乡村庄布局结构。实施乡村振兴战略以来，嘉兴制定了《嘉兴市乡村振兴战略规划（2018~2022 年）》，启动了乡村振兴"六大行动""九大工程"。2021 年，在浙江共同富裕示范区建设背景下，嘉兴制定了《嘉兴深化城乡统筹推动高质量发展建设共同富裕示范区的典范城市行动方案（2021~2025 年）》，引领推动共同富裕。

## （四）突出城乡改革赋能

嘉兴始终把改革创新作为推进城乡融合发展的根本动力，在破除城乡壁垒、构建城乡统筹发展格局上积极探索、大胆实践。比如，在 2008 年明确提出"十改联动"的城乡系统性改革思路；深化户籍制度改革，率先建立城乡统一的户籍制度；深化统筹城乡就业改革，率先实行城乡统一的就业创业政策；率先探索建立城乡一体的社会保障体系；深化农村金融改革，率先探索农村集体资产股权、承包地经营权和农房所有权抵质押贷款；率先开展村集体资产股份合作制改革；率先创新流动人口管理工作机制；深化环保机制改革；率先建立"三治"融合乡村治理体系，探索在乡村治理中推广应用"积分制"等。

## （五）优化城乡要素配置

在土地资源配置上，省内率先建立耕地保护补偿机制，探索城乡建设用地增减挂钩，率先开展以农房搬迁集聚、宅基地复垦为主的农村土地综合整治，率先实施农村土地全域综合整治，探索集体经营性建设用地入市。在乡村资金投入上，强化资金整合，加大财政投入力度，建立以财政资金为引导、社会资本多元化投入、金融资本积极参与的投融资机制。在人力资源供给上，创新制定党建引领乡村振兴的"嘉兴十条""嘉兴乡村人才振兴十条"，建立健全人才机制；在全国率先推行律师下乡，建立"一村一法律顾问"制度，全面打造医疗资源"双下沉、两提升"嘉兴样板，深化完善中小学教师"县管校聘"管理机制改革，全面推行村级文化专职管理员和文化下派员制度。

# 四　以城乡融合促进共同富裕的嘉兴经验

对应全国层面以城乡融合促进共同富裕的重点难点，嘉兴创新探索了一系列举措、积累了丰富经验，具有较高的参考价值和一定的可推广性（见表1）。

表1　以城乡融合促进共同富裕的重点难点与嘉兴经验

| 序号 | 重点难点 | 嘉兴经验 | 可推广范围 |
| --- | --- | --- | --- |
| 1 | 城乡融合发展体制机制有待完善，城乡要素统筹利用水平有待提升 | 创新设计"十改联动"，推进城乡系统性改革 | 全国 |
| 2 | 城乡居民收入差距有待缩小，农民增收渠道较少 | 多措并举促农民增收，缩小城乡居民收入差距 | 全国 |
| 3 | 城乡产业融合发展水平有待继续提升，农村产业现代化水平有待提高 | 首创农业经济开发区模式，促进农业现代化 | 发展特色农业的地区 |
| 4 | 城乡公共服务质量有待提升，城乡教育公平问题尤为突出 | 率先推进城乡教育一体化，促进城乡教育公平 | 大部分举措可全国推广 |
| 5 | 城乡生态文明建设需要持续推进，农村生态环境治理有待加强 | 率先践行"两山"理论，树立生态文明建设典范 | 全国 |
| 6 | 城乡基础设施一体化水平有待继续提高，农村新基建有待加强 | 率先探索市域总体规划，引领城乡基建一体化 | 全国 |

| 序号 | 重点难点 | 嘉兴经验 | 可推广范围 |
|---|---|---|---|
| 7 | 城乡治理现代化水平有待提升，基层治理有待加强 | 首创"三治"融合模式，推进市域社会治理现代化 | 全国 |
| 8 | 城乡精神文明建设有待持续推进，乡风文明建设有待加强 | 高标准推进城乡全域文明，打造精神文明高地 | 全国 |
| 9 | 流动人口市民化水平有待提升，户籍制度改革进入攻坚阶段 | 创新新居民服务政策，实现新居民同城化待遇 | 一线城市外的其他城市 |
| 10 | 地区之间城乡融合发展水平差距明显，地区之间共同富裕水平有待提升 | 创新"飞地抱团"模式，促进地区之间共同富裕 | 全国 |

## （一）创新设计"十改联动"，推进城乡系统性改革

改革过程中，土地、户籍、公共服务等各项制度往往相互影响，嘉兴在 2008 年明确提出"十改联动"，坚持"一改带九改""九改促一改"，整体联动推进，探索出一套城乡系统性改革的方案，率先走出了一条以系统性改革促发展之路，提前 11 年为"建立健全城乡融合发展体制机制和政策体系"[1] 提供了推进思路和实施方案，对新时期城乡融合发展改革攻坚具有重要参考价值。

2008 年 4 月，浙江省委、省政府做出了在嘉兴市开展全省统筹城乡综合配套改革试点的决策部署，嘉兴市委、市政府按照先行先试、率先突破的要求，制定实施了《关于开展统筹城乡综合配套改革试点的实施意见》等一系列政策，创新开展以"两分两换"优化土地使用制度为核心，包括充分就业、社会保障、户籍制度、新居民服务、涉农管理、村镇建设、金融体系、公共服务、区域统筹等领

---

[1]《中共中央　国务院关于建立健全城乡融合发展体制机制和政策体系的意见》（2019 年 4 月 15 日）。

域改革的"十改联动"（嘉兴市统筹城乡综合配套改革领导小组办公室，2011）。

"十改联动"具体举措和目标包括：（1）创新开展"两分两换"[1]试点，城乡土地资源优化配置利用的机制建设取得突破；（2）健全完善就业创业制度政策，实现城乡平等充分就业；（3）全面推进城乡居民社会养老保险，建立全民社保制度政策体系；（4）全面实行按居住地登记户口制度，基本实现劳动力自由迁移；（5）全面建立新型农村合作经济组织联合会，不断完善"三农"工作管理服务体制；（6）全面推进强镇扩权，加快建设现代新市镇和城乡一体新社区；（7）全面推行居住证制度，建立统筹兼顾新居民利益的体制机制；（8）全面推进创新创优，不断提高金融支农总量和服务水平；（9）建立完善农村公共服务供给体系，全面提高城乡基本公共服务均等化水平；（10）有序推进规划管理体制改革，形成市域统筹规划布局的城乡建设新格局。

## （二）多措并举促农民增收，缩小城乡居民收入差距

2021年嘉兴农村居民人均可支配收入为43598元，比浙江省平均水平高8351元，连续18年居全省首位。城乡居民收入比由2020年的1.61降至1.60，比全国水平低0.9，是全国地级市中城乡居民高收入、均等化的典型代表。作为统筹城乡发展的先行地，嘉兴在农民增收致富方面探索出了很多新模式，为新时期提高农村居民收入提供

---

[1] 将宅基地与承包地分开，搬迁与土地流转分开；鼓励以承包地换股、换租、增保障，以宅基地换钱、换房、换地方。

了借鉴。

嘉兴不断健全农民增收长效机制，拓宽增收路径，促进农民收入持续普遍较快增长。具体包括以下措施。（1）抓产业帮扶。加快推进低收入家庭持股增收计划，扩大"飞地抱团""三权质押"等项目带动低收入家庭增收覆盖面；加强对低收入农户的农业生产补助；深入探索服务增收、村庄经营、农村电商等增收途径。（2）抓就业培训。加强对低收入农户培训和就业服务，鼓励农村劳务合作社推出公益性岗位帮扶就业。（3）抓社会救助。按照高水平实现"两不愁三保障"的目标要求，一手抓对标，查漏补缺，补齐短板，杜绝问题个案；一手抓亮点，增创特色，走在前列。聚焦教育、住房、医疗等薄弱环节，织密筑牢"后扶贫时期"兜底保障网。（4）抓政策供给。各地、各部门因地制宜，配套制定支持低收入农户持续增收的政策办法，并督促抓好落地落实。（5）抓排查监测。严格以全市低保标准的 2 倍作为低收入农户认定标准线，认真及时开展低收入农户动态调整工作，确保"不落一村、不落一户、不落一人"。（6）抓部门联动。农业农村部门发挥好牵头抓总、协调各方的作用，加强民政、财政、教育、卫生健康、人力社保等部门的相关支持。

## （三）首创农业经济开发区模式，促进农业现代化

嘉兴于 2017 年首创农业经济开发区模式，按照"以工业的理念发展农业、像重视城市建设一样建设农村、像经营城市一样经营农村"的发展理念，通过三次产业互相赋能推进城乡统筹、城乡融合发展。到 2021 年，嘉兴农业经济开发区实现县（市、区）全覆盖，累计带动 1.42 万名农民就业，促进农民增收 4772.4 万元，对新时期特

色农业发展、促进农业现代化具有重要参考价值。

2017 年，平湖市广陈镇率先探索建立浙江省首个农业经济开发区，积极引育高质量现代农业产业项目，全面打造长三角科技农业发展战略高地和平原水乡乡村振兴样板区，探索形成了乡村振兴的"广陈模式"。2019 年《关于推进农业经济开发区建设的指导意见》提出"到 2020 年，每个县（市、区）至少建成 1 个规划建设面积不少于 2 万亩的市级农业经济开发区"的目标，要求每个开发区至少达到"八个一"：一个高效运转的开发区管理机构，一套绿色生产与生态循环农业体系，一条以主导产业为基础的农业全产业链，一个联结紧密的农业产业化联合体，一个功能完善的农民创业创新孵化园，一个以特色农产品为核心的区域公用品牌，一个与主导产业相结合的休闲观光农业基地，一批海内外高层次农业主体和一流的农业科技合作、资本投资项目。

作为首个农业经济开发区，"广陈模式"主要有以下经验。（1）创新独特产业发展平台。改变传统农业园区按一产划分功能的模式，积极推动"三产融合"与"三生融合"，打造景区式、标准化的农业园区建设，实现产业板块和城镇板块的融合互动。（2）接轨国际科技农业集群。2020 年规划建设 3 平方公里的国际科技农业合作示范区，招引种子种源、数字应用、农业服务等新型科技农业项目 38 个，与美国、德国、荷兰、以色列、日本等国开展合作项目 10 余个。（3）构建共同富裕产乡发展模式。以科技农业、设施农业、数字农业等高端农业发展为契机，组织村集体参与农业经济开发区平台建设和产业发展，以产业带动村庄，项目带动资产，实现村集体固定资产、土地资源的裂变增殖，为村集体每年增收约 2000 万元，村均每年增收 180 万元以上。

## （四）率先推进城乡教育一体化，促进城乡教育公平

嘉兴义务教育优质均衡发展走在全国前列。嘉兴作为统筹城乡综合配套改革的试点市，坚持教育优先发展战略，以统筹城乡、实现均衡、促进公平为目标，率先推进城乡教育一体化，率先完成义务教育发展基本均衡县建设，推进义务教育优质均衡发展（周建新，2017），保障流动人口子女义务教育均等化，成为全国城乡义务教育公平的先行者，为新时期城乡义务教育优质均衡发展提供了优秀经验。

自2004年以来，嘉兴不断促进城乡义务教育优质均衡发展。2013年，嘉兴各县（市、区）均达标义务教育发展基本均衡县；2019年，嘉兴海盐县率先接受全国县域义务教育优质均衡发展的督导评估，成为全国县域义务教育优质均衡发展的示范县；2020年，嘉兴各县（市、区）均达标教育基本现代化县，义务教育优质均衡发展走在全国前列。与此同时，嘉兴积极促进流动人口子女义务教育入学同城化待遇。

嘉兴促进城乡义务教育优质均衡发展具体举措包括：（1）率先完成标准化建设，实现城乡教育基本均衡。2004年以来，嘉兴相继出台了《关于进一步推进城乡教育一体化发展的若干意见》等若干政策，逐步实现城乡学校规划、建设、配置以及新居民子女学校建设的四个"同标准"，率先实现城乡教育基本均衡。（2）创新激励和交流机制，提升乡村教师队伍质量。在城乡教师统筹管理的基础上，嘉兴通过在教师待遇、职称支持、教师获得感、城乡教师流动、退休教师支教等方面创新乡村教师激励机制和城乡教师交流机制，支持高质量

的乡村教师队伍建设。（3）创新教育联合体模式，促进优质教育资源共享。嘉兴通过创新"教育集团""城乡教育共同体""学校联盟"等教育联合体模式，以城带乡、以强带弱，实现优质教育资源共享，到2020年，集团化和共同体学校占全市义务教育学校总量的93.88%。（4）创新互联网＋义务教育，提高教育信息化水平。嘉兴聚焦农村教育信息化短板，提升农村学校信息化水平，充分利用"互联网＋义务教育"，以信息技术缩小城乡教育差距，积极创建智慧教育示范区。（5）推进跨地区教育合作，提升本地义务教育质量。2016年开始，嘉兴充分发挥区位优势，积极推进教育"接轨上海"发展战略，引进先进教育理念，以较短的时间提升本地教育资源质量和品牌，取得了明显成效。（6）协同推进体制机制改革，促进义务教育均等化。嘉兴自2002年开始协同推进新居民子女教育相关的各类体制机制改革，保障新居民子女享受平等的义务教育权利，实现了城乡义务教育均等化（苏红键，2022）。

## （五）率先践行"两山"理论，树立生态文明建设典范

2005年8月15日，习近平同志在安吉余村考察时，首次提出"绿水青山就是金山银山"，大力倡导人与自然、经济和社会的和谐。十八年来，嘉兴率先、深入践行"两山"理论，主动打好污染防治攻坚战，奋力打赢生态治理翻身仗，全力打造"绿色低碳循环城市"金名片，全面建设"江南美窗口"，推动生态环境治理能力和治理体系现代化建设，为新时期生态文明建设树立了典范。

嘉兴坚持预防为主、综合治理，坚决打好治水、治气、治废组合拳，持续改善生态环境质量，注重绿色低碳循环发展。具体包括以下

举措。（1）打好碧水提升战，重点包括深化污染治理（强化工业污水、生活污水、农业污水治理）、注重生态修复（实施"九水连心"工程，开展南湖水质提升行动，提升水体透明度，恢复湖区生态系统多样性）、创新治水模式[选择9条河流10个断面，县（市、区）上下游之间签订上下游横向生态保护补偿协议，实现跨界地区联合治水]。（2）打好蓝天保卫战，重点包括技术优化（聚焦重点行业、重点区域、重点领域，加强技术投入和专项治理）、标准提升（排放是否达标，不仅看监测数据，更要听百姓感受）、制度保障（制定出台秸秆露天焚烧和综合利用首部地方性法规、率先出台《嘉兴市餐饮业油烟管理办法》等）。（3）打好清废攻坚战，重点包括补齐能力短板（主要是固废处置短板，大幅提高生活垃圾处置能力）；建立处置闭环（率先研发应用"一般工业固废信息化监控系统"，出台《关于加强一般工业固体废物规范管理和依法处置的意见》规范固废产生、运输、贮存、利用、处置等行为），破解领域难题。（4）打好绿色低碳主动战，重点包括加快培育绿色制造体系（通过市场驱动、环保约束和政策引导，促进企业绿色低碳发展）和大力推进清洁生产工作（深入推进"两退两进"和"亩均论英雄"改革，推动传统制造业向节能、降耗、减污、增效绿色转型、持续推进清洁生产和节水型企业建设工作）。

## （六）率先探索市域总体规划，引领城乡基建一体化

嘉兴市于2006年率先将城乡纳入"一张图"，制定完成了市域总体规划，较2008年《中华人民共和国城乡规划法》的实施提前两年。以此为引领，市域基础设施形成"一张网"，统筹推进城乡、区

域一体的道路、供水、城乡公交、污水联合处理工程、农村信息化、电气化等基础设施网络化建设，实现了基础设施共建、联网、共享。这为新时期各地全域规划、一体化建设提供了参考。

嘉兴是长江三角洲典型的均质平原地区，相似的自然地形与区域条件是城乡一体化先行发展的有利条件。2004年6月3日，浙江省政府常务会议在审议嘉兴市城市总体规划的同时，提出加快编制完成《嘉兴市域总体规划》。经过一年多时间，2006年5月编制完成了第一轮规划成果并通过专家审查，2008年底开始进行第二轮修编。从规划编制初期的"两规衔接"（城市总体规划与土地利用规划）、"三规合一"（城市总体规划、土地利用规划、国民经济发展规划）到"多规合一"（与其他部门专项规划等），嘉兴市域总体规划经历了从技术层面到实施管控层面的探索过程，从规划底图的衔接、城乡规划指标的占补平衡到关注城乡全域空间资源统筹体制机制的支撑，实现了真正意义上的从城乡分割到城乡一体化的规划一张图，这为空间规划体系的顶层设计和制度性改革积累了丰富经验，成为指导浙江全省开展县市域总体规划编制的示范（朱喜钢等，2019）。

以市域总体规划为引领，嘉兴城乡基础设施一体化快速推进（甄延临和黄贵超，2012）。市域总体规划通过统筹考虑城乡重大基础设施和社会服务设施项目的布局和建设，把城市规划覆盖到农村，将基础设施延伸到乡村。同时，规划明确了市域范围内的区域性基础设施以及市域内部的交通、电力、给水、排水等重大基础设施的布局，以建立快速、高效、便捷的交通运输网络和各种交通方式互补的交通运行模式。根据分级配置、分层管理的要求，规划明确了需要总体协调、互联互通的大型市域基础设施，包括区域快速公路运输系统与区域轨道交通系统，域外引水和给水工程，联合排污工程，区域能源系统等等，要求各县（市、区）大型基础设施在自成体系的情况下互连互通。

## （七）首创"三治"融合模式，推进市域社会治理现代化

2017年，嘉兴首创的"三治"融合被写进党的十九大报告（"加强农村基层基础工作，健全自治、法治、德治相结合的乡村治理体系"）。2018年1月，中央政法委提出"坚持自治、法治、德治相结合，是新时代'枫桥经验'的精髓，也是新时期基层社会治理创新的发展方向"。"三治"融合为促进市域社会治理现代化、提高城乡治理效能探索了新模式。

"三治"融合由嘉兴下辖的桐乡市高桥镇率先探索实践。2013年，第一个村级道德评判团在高桥镇越丰村成立。村级道德评判团由村干部、党员代表、村民代表和道德模范代表组成，专门评判村里事情的对错、村民德行的好坏，让群众自己教育自己、规范自己、管理自己。成立当年，道德评判团就参与了"四好家庭""五有市民"评选全过程。这一探索得到了广泛认可和肯定，之后，高桥镇在所辖村（社区）都建立了道德评判团，随后又建立了百事服务团和法律服务团，为群众提供快捷方便的各类生活和法律服务。

嘉兴总结推广高桥镇的做法，在村（社区）层面普遍建立健全"一约两会三团"，即村规民约（社区公约）、百姓议事会、乡贤参事会、百事服务团、法律服务团和道德评判团，成为"三治"融合在基层扎根的有效载体。

近年来，紧扣数字经济发展时代背景，嘉兴率先探索以智慧化手段赋能高质量治理，推动构建自治、法治、德治、智治"四治"融合

的乡村治理体系，努力打通服务群众"最后一公里"，筑牢全面依法治国根基。

## （八）高标准推进城乡全域文明，打造精神文明高地

精神富裕与物质富裕构成了共同富裕的主体。在率先实现物质方面共同富裕的基础上，嘉兴以作为中国革命红船起航地和红船精神发源地的南湖区为引领，紧紧围绕"努力打造具有新时代特色的高水平精神文明创建高地"这一奋斗目标，大力弘扬红船精神，全力巩固全国文明城市创建成果，高标准推进城乡一体全域文明创建，成为浙江省首批"高质量发展建设共同富裕示范区"中"打造精神文明高地领域"的试点，为新时期精神文明建设树立了榜样。

作为"红船精神"的发源地，嘉兴市南湖区长期致力于打造具有新时代特色的高水平精神文明创建高地。具体有以下举措。（1）创建为民，体现群众利益导向。坚持"以人为本"，落实创建为民的理念，最大限度地满足群众在精神文化方面的需求，着力提升崇德向善的道德环境、文明和谐的人文环境、健康清朗的文化环境、舒适宜居的生活环境和凝聚民心的创建环境"五大环境"，让文明创建成为造福百姓的民生工程、人民群众共建共享的民心工程。（2）城乡统筹，整体提升全域文明水平。按照"引导全民参与、全面推进创建、提高文明素养"的思路，重点抓好教育引导工程、移风易俗工程、共建共享工程、环境维护工程、育苗护苗工程和志愿服务工程这"六项工程"，共治城乡环境、共建美好乡村、共铸文明乡风、共创文明城市，努力营造优美环境、优良秩序，最终步入一条具有自身特色的全域文明之路。（3）高位起点，建立健全工作机制。建立健全目标考

核、日常督导、交叉检查、群众监督在内的常态化工作机制，增强创建工作力量，形成上下贯通、整体联动、合力推进的工作局面，保持全国文明城市创建工作常态化长效化。

作为建设共同富裕示范区首批试点，嘉兴市南湖区坚定守好红色根脉，大力弘扬伟大建党精神和红船精神，以春风化雨、润物无声的文明风尚、文明行动引导市民，让正能量充盈社会，为南湖区、嘉兴市、浙江省努力在共同富裕新赛道上领跑示范提供了强大思想保障、精神动力和道德支撑。

## （九）创新新居民服务政策，实现新居民同城化待遇

市民化和户籍制度改革是新型城镇化、城乡融合的核心，也是实现城乡劳动力优化配置的关键。嘉兴市在外来务工人员服务方面一直走在全国前列。2007 年 6 月，平湖市成立了全国首个新居民事务局；同年 9 月，嘉兴市设立全国地级市首个新居民事务局。2008 年 10 月，嘉兴全面实施户籍制度改革，率先推行户口登记管理制度。新居民管理为流动人口市民化、户籍制度改革攻坚探索了可推广的经验。

2006 年 11 月，嘉兴制定出台《关于加强嘉兴新居民服务管理工作若干意见（试行）》，将外来务工、经商、创业的非本市户籍、有固定住所的人员统一称为"嘉兴新居民"，并对为其提供服务和保障等做了明确规定，提出"设立嘉兴市新居民事务局"和实行新居民居住证制度的要求。2007 年 4 月，嘉兴市被省政府确定为浙江省居住证制度改革试点地市。根据当时调查显示，嘉兴市常住外来人员数量达 180 万人，近年来，新居民规模基本稳定。

随着新居民事务局的设立，嘉兴逐步将新居民纳入全市的公共服

务体系，落实新居民在政治生活、劳动就业、社会保障、居住生活、医疗卫生、计划生育、子女教育等方面的政策待遇，使他们能共享发展成果。从 2008 年 4 月 1 日起，嘉兴停发暂住证，全面推行居住证制度。嘉兴居住证制度改革的总体思路是按照"执政为民、政策留人、制度管人"的要求，探索建立非本地户籍居住人员"两种证件、三种类别、一证一策、管理科学"的居住证制度。目前，嘉兴没有"城里人"和"乡下人"区分，只区分"有地居民"和"无地居民"。

特别是在较难解决的流动人口子女教育方面，嘉兴探索出了成功经验。2002 年以来，嘉兴陆续出台若干保障流动人口子女随迁入学的政策[1]，逐步推进落实新居民子女义务教育入学同城化待遇。到 2020 年，嘉兴新居民子女在校生约 15 万人，占学生总量约 1/3，其中在公办学校就读的新居民子女约占 70%，在新居民子女学校就读的学生约占 30%。

## （十）创新"飞地抱团"模式，促进地区之间共同富裕

嘉兴率先创新"飞地抱团"模式，通过县域统筹、跨镇经营、多村联合等建设工业园区、经济开发区，共享发展成果。2018 年实现了县域抱团项目全覆盖，成为实现共同富裕的"强大引擎"。2021 年，嘉兴与庆元县、九寨沟县合作建立园区，形成东西部对口帮扶和

[1] 包括《关于妥善解决流动人口中适龄儿童少年就学问题若干意见》（嘉政办发〔2002〕81 号）、《嘉兴市流动人口中适龄儿童少年就学管理办法（试行）》（嘉政办发〔2003〕19 号）、《嘉兴市外来人员子女学校建设和管理办法》（嘉政发〔2004〕140 号）、《嘉兴市人民政府关于进一步做好新居民子女接受义务教育工作的若干意见》（嘉政发〔2008〕76 号）等。

省内"山海协作"的跨省"飞地抱团"模式。"飞地抱团"模式，既有助于跨村镇、跨县市、跨省的城乡建设用地统筹利用，又促进了发展成果共享，对资源优化配置、实现城乡地区之间的共同富裕具有重要参考价值。

"飞地抱团"即将建设用地指标等稀缺资源从低效利用的农村集中配置到条件相对优越的"飞地"，优化国土空间和功能布局，促进乡村振兴、共享发展。2016 年，为了壮大村级集体经济，嘉善县推出"飞地抱团"强村项目，将嘉善县各个村腾退"低小散"企业获得的土地指标流转，再加上"强村计划"每年分配给各个镇村的土地，统一归集后，选择区位优势明显的地块，统筹布局"两创中心"，建立园区。截至 2020 年，嘉兴累计建成"飞地抱团"项目 110 个，涉及 1342 村次，项目总投资 109.7 亿元，收益率普遍达到 8%~12%，实现了县域抱团项目全覆盖、集体经济薄弱村全打包、"消薄"任务全兜底。嘉善县和平湖县"飞地抱团"经验（黄良浩和傅小勇，2018；吴金华等，2019；姚杰和杭超，2020）主要包括：（1）在要素利用上，促进全域推进，即将全县集体经济作为一个整体，积极"腾退转型、盘活存量"，促进全域优化布局、全域整合资源、全域整体受益；（2）在经济发展上，聚焦"飞地"发展，在省级以上产业平台、特色小镇、县镇两级商贸区等优势区块，统筹园区发展；（3）在发展支持上，实现精准帮扶、长效"造血"，即推进"飞地"抱团发展，让薄弱村能够筹集资金参与并持续获益；（4）在成果共享上，实现抱团取暖、共同富裕，即对薄弱村来讲，"飞地"抱团发展实现了"本地低效造血"向"异地高效造血"转变。2020 年，嘉兴市实现集体经济股份分红村 151 个，分红额 1.1 亿元。

在跨省市"飞地抱团"项目中，各地也可以实现互利共赢。比如

段署和省委决策，立足统筹城乡发展的先发优势和丰富实践，率先闯出

嘉兴与庆元、九寨沟建立园区，使这两个山区县可以坚守山的优势，走好生态之路；嘉兴（嘉善）也可以积聚产业规模，打造新的增长极，预计可为庆元和九寨沟每年带来约2200万元的收益，用于推动庆元83个薄弱村和九寨沟48个贫困村增强"造血"功能。

# 五　迈向共同富裕的嘉兴方略

共同富裕是社会主义的本质要求，是人民群众的共同期盼。2004年以来，嘉兴在推进城乡融合与共同富裕方面取得了卓越成就，积累了丰富经验。在扎实推动共同富裕的历史阶段，嘉兴作为中国革命红船起航地和浙江"三个地"的典型代表，将全面贯彻落实《中共中央　国务院关于支持浙江高质量发展建设共同富裕示范区的意见》和《浙江高质量发展建设共同富裕示范区实施方案（2021~2025年）》，在浙江高质量发展建设共同富裕示范区中担起重要使命，建设共同富裕示范区的典范城市。为此，嘉兴制定了《嘉兴深化城乡统筹推动高质量发展建设共同富裕示范区的典范城市行动方案（2021~2025年）》。

推动嘉兴从"统筹城乡发展的典范"迭代升级、蝶变跃升为"共同富裕的典范"，与习近平总书记对嘉兴的殷切嘱托精神要旨高度契合、内在逻辑密切相通、目标要求一以贯之。新时期，嘉兴将以红船起航地的政治担当走好新的赶考之路，坚决贯彻落实党中央的战略部署和省委决策，立足统筹城乡发展的先发优势和丰富实践，率先闯出以城乡高水平融合为特色，高质量发展、现代化建设和共同富裕相互促进、螺旋式上升的新路子，争当全省示范区建设的先锋、全国共同富裕的排头兵，努力为示范区建设和共富大局贡献更多的嘉兴智慧、

嘉兴力量。

在扎实推动共同富裕的总体思路上，嘉兴将坚持以习近平新时代中国特色社会主义思想为指导，深入贯彻党的十九大和十九届二中、三中、四中、五中、六中全会，以及二十大精神，落实省委十四届九次全会、十五次党代会部署，立足新发展阶段、贯彻新发展理念、服务构建新发展格局，忠实践行"八八战略"，大力弘扬伟大建党精神、红船精神，守好红色根脉，牢牢把握坚持党的全面领导、以人民为中心、共建共享、改革创新、系统观念"五大工作原则"，紧扣推动共同富裕和促进人的全面发展，坚持以满足人民日益增长的美好生活需要为根本目的，以改革创新为根本动力，以解决区域、城乡、收入差距问题为主攻方向，率先探索建设共同富裕美好社会，着力激发人民群众积极性、主动性、创造性，不断增强人民群众的获得感、幸福感、安全感和认同感，擦亮"七张金名片"，建设"五彩嘉兴"，奋力打造"重要窗口"中最精彩板块，推动蝶变跃升、跨越发展，在深化城乡统筹、推动高质量发展中建设共同富裕示范区的典范城市。

在扎实推动共同富裕的目标上，嘉兴将聚焦聚力"三富四优、七个典范"目标，努力呈现"五幅图景"。到2025年，推动高质量发展建设共同富裕示范区的典范城市取得明显实质性进展，区域、城乡、收入差距进一步缩小，率先破解发展不平衡不充分问题，率先推动共同富裕理论创新、实践创新、制度创新、文化创新，形成阶段性标志性成果，实现"三富四优、七个典范"，即物质基础更加富裕，在构建高质量发展体制机制上成为典范；人民生活更加富足，在优化收入分配格局方面成为典范；精神文化更加富有，在彰显共同富裕人文之美方面成为典范；公共服务更加优质，在城乡区域公共服务优质共享方面成为典范；人居环境更加优美，在彰显共同富裕生态之美方

33

面成为典范；社会治理更加优化，在彰显共同富裕和谐之美方面成为典范；体制机制更加优越，在构建共同富裕的制度体系方面成为典范。以"五彩嘉兴"绘就美好未来，充分彰显最鲜艳的革命红色、最活跃的经济蓝色、最厚重的文化青色、最动人的生态绿色、最灿烂的生活金色，全面呈现共同富裕美好社会形态的"五幅图景"，即蝶变跃升、富庶均衡的富裕图景；生活和美、近悦远来的幸福图景；红船领航、自信自强的文明图景；秀水泱泱、韵味江南的美丽图景；现代智慧、充满活力的和谐图景。

在扎实推动共同富裕的重点任务方面，嘉兴制定了"八大行动""共富十改"的系统策略。其中，"八大行动"指深入实施物质富裕提升行动、统筹城乡发展升级行动、富民增收行动、公共服务提质行动、文化沁润行动、美丽嘉兴建设行动、社会整体智治行动、党建高地创建行动；"共富十改"指谋划推进城乡融合体制机制改革、区域协调体制机制改革、科技创新体制机制改革、公共服务优质共享改革、社保制度精准化结构性改革、富民增收改革、绿色低碳循环发展改革、共同富裕现代化基本单元建设改革、文化体制改革、党建统领推动整体智治改革。以此为指导，围绕群众最关心、最期盼、最有获得感的领域，嘉兴将谋划实施一批促进发展、改善民生的重大工程项目，全方位、系统性推进共同富裕示范区的典范城市建设。

# 第一章 "八八战略"指引城乡融合发展

本章在梳理嘉兴市城乡融合发展历程的基础上，采用城乡融合发展指数对嘉兴市城乡融合发展程度和进展进行了评价。总体上看，嘉兴市沿着"八八战略"指引的路子，一张蓝图绘到底，一任接着一任干，形成了最具鲜明特色的嘉兴城乡融合示范样板。测算结果显示，嘉兴市城乡融合程度较高，并呈现逐年提升态势，特别是在 2003 年之后，城乡融合步伐明显加快。

## 一 城乡融合发展的四个阶段

我国城乡发展不平衡不充分问题，一直以来是学术界和各级政府关注的热点。党中央从坚持和发展中国特色社会主义全局出发，根据历史发展阶段和国内外形势，对城乡关系做出了系列调整。2002 年，党的十六大报告明确提出"统筹城乡经济社会发展"，标志着我国开始迈入"以工代农、以城带乡"的新阶段。2003 年提出"统筹城乡发展"，2012 年提出"城乡发展一体化"，2017 年又提出"城乡融合发展"，2019 年

《中共中央　国务院关于建立健全城乡融合发展体制机制和政策体系的意见》将"统筹城乡发展"和"城乡一体化"的具体举措放在"城乡融合发展"的框架内，由此可见，党中央对我国城乡关系的认知不断深化，遵循了城乡发展的客观规律，是对新时期城乡关系认识的深入发展。

在此背景下，回顾嘉兴市百年城乡发展历程，根据国家重大改革及嘉兴市重要事件，大致可以划分为四个阶段，第一阶段是城乡二元分割阶段，第二阶段是城乡统筹发展阶段，第三阶段是城乡统筹突破阶段、第四阶段是城乡融合发展阶段。

## （一）城乡二元分割阶段（1921~1978 年）

嘉兴市作为红船起航地，是中国共产党的诞生地。1949 年 5 月，嘉兴全境解放，嘉兴地、县两级新生人民政权相继建立，开启了人民当家作主的新时代。新中国成立初期，嘉兴主要任务是维护社会秩序，组织恢复生产，保护人民财产。但是由于当时工业基础薄弱，生产力水平低下，城乡居民人均可支配收入仅有 56 元，这种状况一直持续到改革开放初期。此时，嘉兴城市与乡村处于分割阶段。

截至 1978 年，嘉兴市农村居民人均可支配收入为 223 元，全民所有制和城镇集体所有制单位职工年人均工资分别为 583 元和 435 元，城镇居民基本实现温饱。与当时全国的城乡二元结构体制一样，此阶段嘉兴市城乡处于分割状态。

## （二）城乡统筹发展阶段（1979~2003 年）

党的十一届三中全会决定，从 1979 年起全党工作重点和全国人民的注意力要转移到社会主义现代化建设上来，拉开了改革开放和开创中国特色社会主义的大幕，也推动了改革在农村的率先突破。在随后的几年中，随着城乡改革的深入推进和城乡经济社会发展联动互促作用的加快形成，党中央因势利导，推动我国城乡二元结构体制逐步松动，为改变城乡关系治理严重向城市倾斜的状况、推动形成"城乡竞相发展、互动提升"的局面打下扎实基础，逐渐开始统筹城乡发展。无论是1984年10月党的十二届三中全会通过的《中共中央关于经济体制改革的决定》，还是1992年10月党的十四届三中全会通过的《中共中央关于建立社会主义市场经济体制若干问题的决定》，都将城乡发展的重点转移到统筹发展上来。特别是2002年11月党的十六大明确提出全面建设惠及十几亿人口的更高水平的小康社会的目标，首次提出"统筹城乡经济社会发展"的要求。

在城乡统筹发展阶段，嘉兴市开始为推进城乡统筹发展做出积极探索。1982年，嘉兴地区第一个《城市总体规划》开始编制（该规划于1985年11月经省政府发文正式批准）。1983年是嘉兴市统筹城乡发展真正的元年，8月，嘉兴市撤地建市，成为地级市，辖城区、郊区和嘉善、平湖、海盐、海宁、桐乡五县（市）。这对嘉兴城市规划、管理和建设等方面产生了巨大影响，为城市发展提供了更广阔的空间。随着统筹城乡发展的理念逐渐深入，1994年10月，嘉兴市着手对1982年编制的《城市总体规划》进行修订（于1997年7月经省政府批复同意）。基于此，嘉兴市对城乡统筹发展的理念认知逐渐深入，城乡统筹发展进入新阶段。

截至2003年，嘉兴市城镇居民人均可支配收入为12954元，农村居民人均纯收入6127元，城乡居民收入比为2.11，低于同期浙江省平均水平（2.43）。其中，农村居民人均纯收入高于同期浙江省

（5431元）12.82个百分点。2013年，嘉兴市城镇居民家庭恩格尔系数为37.2%，农村居民家庭恩格尔系数为40.0%。

## （三）城乡统筹突破阶段（2004~2017年）

党的十六大提出统筹城乡发展，十七大提出形成城乡经济社会发展一体化新格局，十九大强调建立健全城乡融合发展体制机制和政策体系。其中，党的十九大首次提出了实施乡村振兴战略的重大决策部署，明确要求"坚持农业农村优先发展""建立健全城乡融合发展体制机制和政策体系，加快推进农业农村现代化"，并就推动城乡义务教育一体化发展、全面建成多层次社会保障体系等提出明确要求。

现阶段，对嘉兴市而言，也是城乡发展的重要转折和突破发展阶段。2004年3月，时任浙江省委书记的习近平同志专程到嘉兴进行为期4天的蹲点调研时指出："嘉兴2003年人均生产总值已超过3000美元，所辖的5个县（市）在全国百强县中都居前50位，城乡协调发展的基础比较好，完全有条件经过3到5年的努力，成为全省乃至全国统筹城乡发展的典范。"同年，嘉兴市委以一号文件形式下发了《嘉兴市城乡一体化发展规划纲要》，这是全国第一个制定出台城乡一体化发展规划纲要的地级市。2008年，浙江省委、省政府赋予嘉兴统筹城乡综合配套改革试点的重任。嘉兴以"两分两换"（将宅基地与承包地分开，搬迁与土地流转分开；以承包地换股、换租、换保障，推进集约经营，转换生产方式；以宅基地换钱、换房、换地方，推进集中居住，转换生活方式）为抓手，全面实施"十改联动"，即以土地使用制度改革为核心，协调推进充分就业、社会保障、户籍制度、新居民服务、涉农管理、村镇建设、金融体系、公共服务、区域统筹等九项改革。到 2012 年底，嘉兴成为全省唯一所辖县（市）全部进入城乡全面融合阶段的地级市。党的十八大以来，嘉兴市开启了推进城乡融合发展新篇章。2013 年，嘉兴市被列入国家"多规合一"试点、国家新型城镇化综合试点，重点开展深化完善城乡一体化体制机制改革。这些试点工作的开展，极大改善了嘉兴市城乡生态环境，盘活了城乡要素资源，实现了以产促城、以城带乡、产城融合。2017 年，嘉兴市全面启动农业农村改革发展"四个三年行动"计划（深化农村改革、加快农业转型发展、打造美丽乡村升级版、促进农民增收四个三年行动计划），进一步助推城乡统筹发展。

截至 2017 年，嘉兴市城镇化率达到 64.5%，人均生产总值达到 93964 元，城镇居民人均可支配收入提高到 53057 元，农村居民人均可支配收入提高到 31436 元，城乡居民收入比缩减至 1.69，为全省最低。其中，农村居民人均可支配收入比浙江省平均水平高出 26%。

## （四）城乡融合发展阶段（2018 年至今）

2018 年以来，嘉兴市城乡融合发展进入深度融合阶段。嘉兴市积极申创部省共建乡村振兴示范省先行创建单位，编制出台《关于坚定不移推进城乡一体化全面打造乡村振兴示范地的意见》《关于实施"九大工程"推进乡村振兴示范市创建的实施意见》等政策文件。2018 年，长三角一体化发展上升为国家战略，嘉兴市委第一时间发出总动员，确立全面融入长三角一体化发展首位战略，"12410"总体思路、"三城一地"发展目标、"一区一城一廊三带多板块"全域融入格局，"四大会战"全面打响，成为嘉兴推动新一轮高质量发展的"战略密码"。2019 年，嘉兴市全域列入国家城乡融合发展试验区，成为城乡融合发展的排头兵，海盐县入选全国县城新型城镇化建设示范单位。2020 年，嘉兴市所有县（市、区）均进入 2020 中国城乡统筹百佳县市榜单前 40 位，真正走出了具有嘉兴特色的城乡融合发展之路。

截至 2021 年，嘉兴市城镇居民人均可支配收入 69839 元，农村居民人均可支配收入 43598 元，城乡居民收入比降至 1.60，比全国水平低 0.9。其中，农村居民人均可支配收入连续 18 年处于浙江省首位，位居全国前列，剔除价格因素影响，城乡居民人均可支配收入实际分别增长 7.2% 和 7.8%。

# 二 推进城乡融合发展的突出成效

2004 年以来，嘉兴市始终牢记习近平总书记"成为全省乃至全国统筹城乡发展的典范"的殷切期望，坚持走统筹城乡发展、推进共同富裕之路，不断开辟统筹城乡发展新路子，朝着共同富裕的目标坚实迈进，已然成为均衡发展示范地。嘉兴市城乡融合发展取得了较突出的成效，建立了城乡融合发展相关体制机制，逐步制定了一系列相关政策，城乡居民生活水平差距逐步缩小，城乡基本公共服务均等化加快推进，农村生态环境建设取得突出成效，要素市场改革取得初步成效。

## （一）城乡居民生活水平差距逐步缩小

### 1. 城乡收入差距远低于全国平均水平

2021 年，嘉兴市城镇居民人均可支配收入 69839 元，居全省第 4 位，为全国平均水平的 1.47 倍、全省平均水平的 1.02 倍；农村居民人均可支配收入43598元，为全国平均的2.30倍、全省平均的1.24倍，首次迈上4万元台阶，并连续18年居全省第1位。城乡居民收入比为1.60，保持全省最低，也远低于全国平均水平（2.50，见图1-1）。

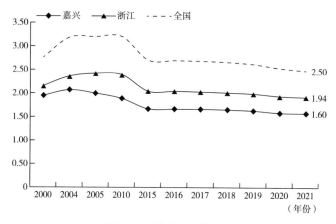

图1-1 城乡居民收入比

数据来源：嘉兴市统计局、历年《浙江统计年鉴》、历年《中国统计年鉴》、历年《嘉兴市国民经济和社会发展统计公报》。

## 2. 居民生活水平已经进入富裕阶段

2021年，嘉兴市城镇居民人均消费性支出42305元，高出浙江省平均水平0.27%，高出全国平均水平39.59%；农村居民人均消费性支出28510元，高出浙江省平均水平12.18%，高出全国平均水平79.13%。城乡居民消费支出比为1.48，远低于全国平均水平（1.90，见图1-2）。同时，嘉兴城镇居民家庭恩格尔系数为26.5%，低出全国平均水平2.1个百分点；嘉兴农村居民家庭恩格尔系数为27.3%，低出全国平均水平5.4个百分点。嘉兴城乡居民恩格尔系数已经达到联合国 20%~30% 的富裕阶段标准[1]。

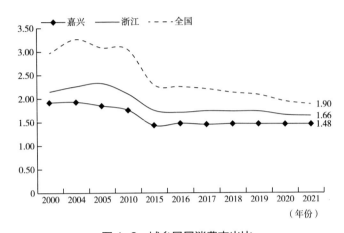

图 1-2　城乡居民消费支出比

数据来源：嘉兴市统计局、历年《浙江统计年鉴》、历年《中国统计年鉴》。

## （二）城乡基本公共服务均等化加快推进

2004 年 2 月，习近平同志在嘉善调研时指出，"要进一步关心群众生活，搞好民心工程"。在浙江工作期间，他反复强调要把解决民生问题放在一切工作的首位，亲自部署和推动建立了为民办实事长效机制、领导下访接待群众等制度。这些年来，嘉兴市遵循总书记的指引，始终把改善民生摆在突出位置，不断提升群众获得感、幸福感和安全感。

[1]　联合国粮农组织根据恩格尔系数的大小，将世界各国的生活水平划分为 6 个阶段：恩格尔系数大于 60% 为贫穷阶段，50%~60% 为温饱阶段，40%~50% 为小康阶段，30%~40% 为相对富裕阶段，20%~30% 为富裕阶段，20% 以下为极其富裕阶段。

## 1. 城乡教育事业实现均衡发展

十多年来，嘉兴市坚持教育优先、城乡一体的发展目标，率先推进城乡教育一体化，努力实现义务教育优质均衡发展。2012年，嘉兴市被国务院授予"两基"工作先进地区称号；2013年，嘉兴成为全国首个所有县（市、区）全部达成"全国义务教育发展基本均衡县（市、区）"的设区市；2019年10月12日，全国县域义务教育优质均衡发展督导评估启动会在海盐县召开，海盐县县域义务教育优质均衡发展工作成为全国样板；2020年，嘉兴所有县（市、区）实现教育基本现代化。目前来看，嘉兴市已基本实现城乡义务教育普及程度基本相同、生均占有教育资源基本一致、教师专业水平大致相当、学校管理水平同步提高、同类学校教育教学质量基本接近的目标。

## 2. 城乡医疗卫生服务水平显著提升

早在2019年，嘉兴市就已经实现城乡社会养老保险、医疗保障、失业保险制度性全覆盖，基本医疗保险参保率99.6%，率先实现城乡低保标准同标同保。同时，嘉兴市打破区域数据壁垒，推动异地医疗资源"互联互通"，率先实现异地就医直接结算全覆盖，2020年，沪嘉、杭嘉居民异地就医刷卡直接结算分别达29.4万人次、49.9万人次，金额分别达5.7亿元、1.5亿元。嘉兴市社保、医疗公共支出占财政收入的比重见图1-3。

## 3. 城乡居民保障体系不断完善

嘉兴市坚持城乡统筹，实行一体化制度设计，率先建立了城乡居民基本养老保险制度，实现了人群全覆盖。2007年嘉兴在全国率先实施城乡居保，将非机关事业单位和职工基本养老保险的本市居民全部纳入制度，基础制度实现城乡统一。制定全市统一政策，实现了全市同步调整、同步优化、同步提高。基于此，嘉兴市人均基础保障待

图 1-3　嘉兴市社保、医疗公共支出占财政收入的比重
数据来源：嘉兴市统计局。

遇居于全省首位。2020 年人均待遇达到 461 元 / 月，待遇标准和待遇同比增幅领跑全省，城乡居民养老保险保障水平连续三年全省第一。2020 年底，全市养老保险参保人数 340.57 万人（职工基本养老保险 262.28 万人、城乡居民养老保险 63.43 万人、机关事业养老保险 14.86 万人），全市户籍人口基本养老参保率达到 97.26%。

**4. 城乡劳动者平等就业制度逐渐健全**

嘉兴市以全国城乡统筹就业试点城市为契机，实行"统一失业登记制度、统一就业制度、统一就业援助政策、统一劳动力市场、统一公共就业服务"五个统一，建立市、县（市、区）、镇、村四级布局合理、设施完善、覆盖城乡的人力资源市场体系。建立了统筹城乡的就业工作体系。推动就业帮扶从"传统模式"向"精准扶持"发展，出台《关于做好当前和今后一段时期就业创业工作的实施意见》，做好高校毕业生、长期失业人员、就业困难人员和退役军人等重点人群的就业帮扶工作，"十三五"时期全市累计新增城镇就业 68.65 万人，帮助城镇失业人员实现再就业 26.1 万人，就业困难人员再就业 8.2 万人；落实就业困难人员灵活就业社保补贴 2.64 亿元，7.62 万人次享受；全市累计举办招聘会 2668 场，提供就业岗位 348.4 万个；2020 年末城镇登记失业率为 1.74%，零就业家庭实现"动态清零"。

## （三）农村生态环境建设取得突出成效

习近平总书记在嘉兴调研时强调，要抓"生态立市""努力实现环境保护与经济发展双赢"。多年来，嘉兴市坚决落实总书记的重要指示精神，在"绿水青山就是金山银山"理念的引领下，迎难而上、克难攻坚，打了一场漂亮的生态环境"翻身仗"。

### 1. 生态环境质量取得历史性改善

嘉兴市坚持以习近平生态文明思想为指导，深入践行"绿水青山就是金山银山"理念，以创建生态文明建设示范市为目标，扎实推进生态文明建设，加快推进生态环境治理，全面补齐环境基础设施短板，生态环境质量取得显著改善，生态环境公众满意度大幅提升。

首先，水环境质量取得历史性突破。2021 年，嘉兴市控断面 I~III 类水占比、饮用水水源地达标率分别为 96.4%、100%，较 2017 年分别提升了 56 个百分点、27.9 个百分点，改善幅度居全省第一，水环境恢复到 20 世纪初 90 年代水平。其次，大气环境质量实现全市域全达标。2021 年，设区城市细颗粒物（PM2.5）年均浓度、空气优良天数比例（AQI 优良率）分别为 26 微克／立方米和 90.1%，改善幅度居全省第一，2020 年，在大气环境质量 6 项指标中，在 2019 年实现 PM2.5 达标的基础上，臭氧浓度首次达标。再次，固废处置能力缺口全面补齐。截至 2020 年底,"五废共治"三年行动 46 个固废补缺口项目全部建成,新增固废处置能力 587.7 万吨 / 年;特别是实现了生活垃圾"零增长、零填埋、不出县"的目标,获得省委书记袁家军"标杆"之赞。最后,生态环境公众满意度大幅提升。生态环境公众满意度排名从 2017 年的全省第 11 位(73.92 分)上升至 2021 年的第 7 位(87.50 分),是全省唯一一个连续 4 年实现总得分和排名"双提升"的地市。

**2. 农村人居环境整治提升成效凸显**

嘉兴市深入实施"千万工程",全力打造美丽乡村 3.0 版,成为全省美丽乡村建设"五朵金花"之一。一般公共预算投入乡村振兴建设资金 324 亿元。专项债用于乡村振兴建设资金 84 亿元。截至 2020 年,全市已建成美丽乡村精品线 29 条,成功创建省级美丽乡村示范县 2 个、示范镇 36 个、AAA 级景区村庄 62 个、特色精品村 117 个,南湖区联丰村等 3 个村入选"中国美丽乡村百佳范例",海宁市丁桥镇新仓村入选第二批全国乡村旅游重点村。同时,嘉兴市实施全域土地综合整治工程,助力"五水共治""五气共治""五废共治"中心工作,改善城乡生态环境。围绕农村人居环境整治重点的"垃圾革命、污水革命、厕所革命"三项工作深入推进,农村生活垃圾分类处理、农村生活污水治理、无害化卫生厕所行政村全覆盖。早在 2018 年,嘉兴市就已经实现了农村安全饮用水人口全覆盖。2019 年,嘉兴市农村卫生厕所实现全覆盖,普及率远高于全国水平(见图 1-4)。小城镇环境全面整治,创建国家级卫生乡镇 36 个,占比 85.71%,居全省第一;省级卫生乡镇实现县(市、区)实现全覆盖,省级卫生村创建成功率 100%,居全省第一。

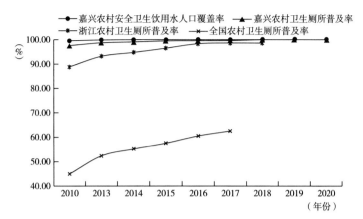

图1-4　农村安全卫生饮用水人口覆盖率和农村卫生厕所普及率

数据来源：嘉兴市统计局、《中国卫生统计年鉴》、《中国环境统计年鉴》、《中国社会统计年鉴》。

## （四）城乡要素市场一体化初步建立

### 1. 城乡资金配置均衡程度较高

2020年，嘉兴市财政支农资金占财政支出的比重为7.54%，而第一产业增加值占地区生产总值的比重为2.30%，财政资金向农业倾斜程度很大。如图1-5所示，尽管财政支农资金占比每年会有波动，但是总体而言高于第一产业增加值占地区生产总值的比重，资金相对较多地向农业农村配置。所以用财政支农相对程度指标来衡量，嘉兴市城乡资金配置均衡程度较高。事实上，嘉兴市为进一步统筹城乡资金配置，成立了专项资金清理整合工作专班，加强财政统筹能力，保障涉农资金统筹整合顺利推进。有序推进专项资金分类清理，对跨部门、跨行业涉农资金统筹整合等问题，专项提交工作专班研究。

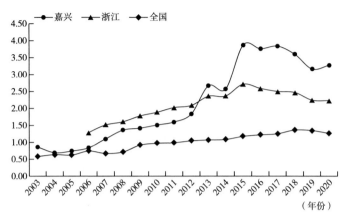

**图 1-5 财政支农相对程度**

注：财政支农相对程度＝财政支农资金占财政支出的比重／第一产业增加值占地区生产总值的比重。

数据来源：嘉兴市统计局、《中国卫生统计年鉴》、《中国环境统计年鉴》、《中国社会统计年鉴》。

### 2. 劳动力自由流动初见成效

嘉兴市深化户籍制度改革，率先建立了城乡统一的户口登记制度、户口迁移制度，率先实行按居住地划分的人口统计制度。建成启用的浙江长三角人才大厦等人才创新平台，打响了中国浙江星耀南湖·长三角精英峰会、长三角全球科创项目集中路演等标志性活动品牌。创新制定党建引领乡村振兴"嘉兴十条""嘉兴乡村人才振兴十条"，建立健全引、育、留、用人才机制；在全国率先推行律师下乡，建立"一村一法律顾问"制度等。

### 3. 土地要素市场改革逐步推进

嘉兴市在全省率先建立耕地保护补偿机制，探索城乡建设用地增减挂钩，率先开展以农房搬迁集聚、宅基地复垦为主的农村土地综合整治，率先实施农村土地全域综合整治，大力推进"四百工程"，探索集体经营性建设用地入市。

# 三 城乡融合发展的数据支撑

城乡融合是一个多层次、多领域、全方位的综合概念，包括城乡经济融合、社会融合、生活融合和生态融合等方面的内容。城乡融合发展的本质就是通过城乡开放和融合，推动形成共建、共享、共荣的城乡生命共同体。为了对嘉兴市的城乡融合发展进行更加客观全面的评价、识别存在的短板，本章借助城乡融合发展指数[1]进行评价。这里将按照城乡融合发展指数指标体系和指数目标值，测度和评价2003~2020年嘉兴市城乡融合发展程度以及嘉兴市城乡融合的主要短板。

## （一）城乡融合发展指数指标体系

### 1. 指标体系

本章构建以全面建成小康社会为目标的城乡融合发展指数指标体系，包括4个方面，每一个方面构成城乡融合发展指数的一级指标，4个一级指标分别是经济发展融合、社会发展融合、生活发展融合和生态发展融合。

每个一级指标由若干个二级指标构成，每个二级指标再由若干个三级指标构成，每个三级指标由一个具体指标衡量。本章构建的城乡融合发展指数指标体系包括4个一级指标、11个二级指标、20个三级指标（见表1-1）。

---

[1] 本章结合了朱钢等（2014、2016、2017、2018）关于中国城乡发展一体化指数构建的理论基础和分析框架、指标选取原则、指标解释、目标值设置依据、目标值解释等。

表1-1  城乡融合发展指数指标体系

| 一级指标 | 二级指标 | 三级指标 | 具体指标 | 单位 |
|---|---|---|---|---|
| 城乡经济发展融合 | 经济发展 | GDP水平 | 人均GDP | 元 |
| | | 城镇化率 | 常住人口城镇化率 | % |
| | 产业协调 | 城乡二元经济 | 二元对比系数 | |
| | | 农业发展 | 第一产业劳动生产率 | 万元/人 |
| | 要素配置 | 劳动力配置 | 非农产业劳动力占比 | % |
| | | 资金配置 | 财政支农相对程度 | |
| | | 土地配置 | 土地相对利用率 | 亿元/平方公里 |
| 城乡社会发展融合 | 教育均衡发展 | 农村教育人力资源水平与城乡差异 | 万人城市在校生人数/万人农村在校生人数 | |
| | 卫生均衡发展 | 城乡医生配置差异 | 城市平均每千人拥有医生数/农村平均每千人拥有医生数 | |
| | | 城乡医院硬件配置差异 | 城市每千人拥有医院床位数/农村每千人拥有医院床位数 | |
| | 文化均衡发展 | 城乡公共文化服务差异 | 城市每百人公共图书馆藏书/农村每百人公共图书馆藏书 | |
| | | 文化传播可及性 | 行政村有线电视联网率 | % |
| | 社会保障均衡发展 | 城乡最低生活保障差异 | 城乡居民最低生活保障标准比（城市/农村） | |
| 城乡生活发展融合 | 收入消费水平 | 城乡居民收入差距 | 城乡居民收入比（城市/农村） | |
| | | 城乡居民消费差距 | 城乡居民生活消费支出比（城市/农村） | |
| | 居住卫生条件 | 农村卫生条件 | 农村无害化卫生厕所普及率 | % |
| 城乡生态发展融合 | 污染物排放 | 化学需氧量排放强度 | 亿元GDP化学需氧量 | 吨 |
| | | 二氧化硫排放强度 | 亿元GDP二氧化硫排放量 | 吨 |
| | 环境卫生治理 | 城市生活垃圾处理 | 城市生活垃圾无害化处理率 | % |
| | | 城市生活污水处理 | 城市生活污水处理率 | % |

## 2. 数据来源

本章所用数据来自《中国统计年鉴》《浙江统计年鉴》《嘉兴统计年鉴》《中国城市统计年鉴》，以及《嘉兴市国民经济和社会发展统计公报》等。基于数据的可获得性，本章计算的指数覆盖了2003~2020年，主要用于测算党的十六大提出统筹城乡发展理念以来的嘉兴市城乡融合发展进程。

### 3. 数据标准化

本章采用极值法对三级指标做标准化处理。在标准化之前，根据三级指标与城乡融合发展的关系，将其分为正向指标和负向指标两类。其中，正向指标与城乡融合发展水平呈正向关系，负向指标与城乡融合发展水平呈反向关系。为了确保指数纵向可比，参照韩磊等（2019）的方法，本章以2003年为基准年，统一使用各指标在该年度的最大值和最小值做标准化。具体来说：

正向指标：$x_{i,t} = \left( x_{i,t} - \min\left( x_{i,0} \right) \right) / \left( \max\left( x_{i,0} \right) - \min\left( x_{i,0} \right) \right)$

负向指标：$x_{i,t} = \left( \min\left( x_{i,0} \right) - x_{i,t} \right) / \left( \max\left( x_{i,0} \right) - \min\left( x_{i,0} \right) \right)$

其中，$x_{i,t}$ 表示第 $t$ 年第 $i$ 个指标的值，$\min\left( x_{i,0} \right)$ 和 $\max\left( x_{i,0} \right)$ 分别表示基准年第 $i$ 个指标的最小值和最大值。经过标准化，各指标在基准年的最高得分和最低得分分别为1和0，其他年份各指标的得分可能高于1或低于0。三级指标经标准化后的得分加权求和即得到总指数。基准年份的总指数分布在0~1之间，其他年份有可能高于1或低于0。

### 4. 指标权重的确定

确定权重是计算指数的一个关键问题。专家打分法、主成分分析法、均权法等赋权法都是确定权重的常用方法。本章采用均权法，与专家打分法和主成分分析法相比，均权法的优势在于，一是均权法不需要频繁调整权重，不仅有利于研究结果的纵向比较，而且与国家政策长期性、稳定性的导向相符合；二是城乡融合发展是全面均衡发展，均权法有利于体现各个领域融合发展的政策内涵。用均权法确定权重后，每个二级指标下属三级指标也具有同样的权重。基于此，城乡融合发展指数指标体系的构成及三级指标的权重和属性见表 1-2。

表1-2　城乡融合发展指数指标体系构成及三级指标的权重和属性

| 一级指标 | 二级指标 | 三级指标 | 权重 | 属性 |
|---|---|---|---|---|
| 城乡经济发展融合 | 经济发展 | GDP水平 | 0.0417 | 正 |
| | | 城镇化率 | 0.0417 | 正 |
| | 产业协调 | 城乡二元经济 | 0.0417 | 负 |
| | | 农业发展 | 0.0417 | 正 |
| | 要素配置 | 劳动力配置 | 0.0278 | 负 |
| | | 资金配置 | 0.0278 | 正 |
| | | 土地配置 | 0.0278 | 正 |
| 城乡社会发展融合 | 教育均衡发展 | 农村教育人力资源水平与城乡差异 | 0.0625 | 负 |
| | 卫生均衡发展 | 城乡医生配置差异 | 0.0313 | 负 |
| | | 城乡医院硬件配置差异 | 0.0313 | 负 |
| | 文化均衡发展 | 城乡公共文化服务差异 | 0.0313 | 负 |
| | | 文化传播可及性 | 0.0313 | 正 |
| | 社会保障均衡发展 | 城乡最低生活保障差异 | 0.0625 | 负 |
| 城乡生活发展融合 | 收入消费水平 | 城乡居民收入差距 | 0.0625 | 负 |
| | | 城乡居民消费差距 | 0.0625 | 负 |
| | 居住卫生条件 | 农村卫生条件 | 0.1250 | 正 |
| 城乡生态发展融合 | 污染物排放 | 化学需氧量排放强度 | 0.0625 | 负 |
| | | 二氧化硫排放强度 | 0.0625 | 负 |
| | 环境卫生治理 | 城市生活垃圾处理 | 0.0625 | 正 |
| | | 城市生活污水处理 | 0.0625 | 正 |

### 5. 指数的计算

全部 20 个三级指标的指标得分与指标权重之积的和 $\left(\sum w_i \cdot x_{i,t}\right)$ 即为总指数。总指数也是四个维度得分之和，特定维度得分是该维度上所有三级指标的指标得分与指标权重之积的和 $\left(\sum w_i^j \cdot x_{i,t}^j\right)$。其中，$w_i^j$ 是 $j$ 维度第 $i$ 个三级指标的权重，$x_{i,t}^j$ 是第 $t$ 年 $j$ 维度第 $i$ 个三级指标的得分。维度得分的变化与总指数变化的比值反映了该维度在城乡融合发展变化中的贡献。由于各维度权重相同，不同维度发展水平的差异可以直接通过维度的得分进行比较。

## （二）嘉兴城乡融合发展情况

采用以上评价方法对嘉兴市城乡融合发展状况进行评价的结果显示，嘉兴市城乡融合发展状况的总体特征表现为：整体城乡融合发展程度较高，且呈逐年提升态势。

### 1. 城乡融合发展现状

根据本章设计的城乡融合发展指数指标体系及运算程序，图 1-6 列出了 2003~2020 年嘉兴市城乡融合发展进程，根据所测算数据，从整体上来看，嘉兴市城乡融合发展程度较高，均在 0.600 以上。具体而言，2020 年嘉兴市城乡融合发展指数为 0.9746，较 2003 年提高了 58.84%。

综合前文所述，嘉兴市城乡融合起步较早，从党的十六大提出统筹城乡发展理念以来，嘉兴市委、市政府认真贯彻发展理念，特别是习近平同志在 2004 年到嘉兴蹲点调研后，对嘉兴的发展定位给予了嘉兴市强大的发展动力。测算结果较为客观地反映了近 20 年来，嘉兴市历届市委、市政府认真贯彻党中央各项城乡融合发展政策的显著成效。

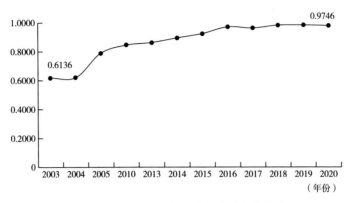

图 1-6　2003~2020 年嘉兴城乡融合发展进程

数据来源：作者计算。

## 2. 城乡融合发展各维度贡献

尽管嘉兴市城乡融合发展水平显著提升、城乡融合发展总体水平较高，但是各维度仍有较大差异。具体而言，表 1-3 测算了城乡融合发展各维度指数对总指数的贡献度。结果显示，2003 年以来，城乡经济发展融合维度对总指数的贡献最大，达到了 55.54%；城乡生活发展融合维度对总指数的贡献排在第二位，为 17.87%；城乡社会发展融合维度对总指数的贡献为 14.76%，位于第三；城乡生态发展融合维度对总指数的贡献排在最后一位，为 11.83%。由此表明，2003 年以来，嘉兴市经济发展水平取得了显著成绩，对城乡融合发展的带动作用最为明显。数据显示，2003 年，嘉兴市地区生产总值为 823.54 亿元，尚未突破 1000 亿元。截至 2020 年，嘉兴市地区生产总值已经高达 5509.52 亿元，是 2003 年的近 7 倍，在浙江省排第 5 位。同年，嘉兴市人均地区生产总值更是达到 102541 元，突破 10 万元。但是也应该看到的是，嘉兴市生态发展融合水平整体相对较低，需要在今后加以关注。

表1-3　城乡融合发展指数各维度贡献　　　　单位：%

| 年份 | 城乡经济发展融合 | 城乡社会发展融合 | 城乡生活发展融合 | 城乡生态发展融合 |
|---|---|---|---|---|
| 2003 | 28.68 | 25.75 | 26.69 | 18.88 |
| 2004 | 28.42 | 27.22 | 24.86 | 19.49 |
| 2005 | 63.36 | 9.42 | 15.89 | 11.33 |
| 2010 | 67.06 | 6.00 | 14.81 | 12.13 |
| 2013 | 61.06 | 13.91 | 12.10 | 12.93 |
| 2014 | 68.17 | 5.69 | 14.07 | 12.06 |
| 2015 | 61.81 | 9.44 | 17.06 | 11.69 |
| 2016 | 62.47 | 8.95 | 17.19 | 11.39 |
| 2017 | 62.59 | 9.87 | 15.82 | 11.72 |
| 2018 | 67.99 | 7.58 | 15.38 | 9.05 |
| 2019 | 62.03 | 10.56 | 15.88 | 11.52 |
| 2020 | 60.62 | 10.57 | 17.04 | 11.77 |
| 平均 | 55.54 | 14.76 | 17.87 | 11.83 |

数据来源：作者计算。

# 第二章 "十改联动"促使城乡要素
# 合理流动和优化配置

　　城乡要素自由流动和平等交换是城乡融合发展的必然要求，也是协调推进乡村振兴战略和新型城镇化战略的重要支撑。2004 年，时任浙江省委书记的习近平同志调研嘉兴时，对嘉兴市提出了"成为全省乃至全国统筹城乡发展的典范"的要求。在"八八战略"的指引下，嘉兴市全面开展了以优化土地使用制度为核心的"十改联动"，探索构建城乡有序流动人口迁徙制度，打通城乡资金技术双向流动通道。经过不懈努力，嘉兴市基本破除了城乡要素自由流动和平等交换的体制机制壁垒，城乡要素自由流动制度性通道基本打通，城市资本、人才、技术下乡的进程不断加快，城乡要素双向流动的格局正在加速形成。本章分析了嘉兴市统筹城乡土地、劳动力、资金、技术等要素合理流动和优化配置的主要做法、典型经验，针对当前面临的突出问题，提出进一步推动城乡要素合理流动和优化配置的思路与建议。

# 一　创新机制促进城乡要素合理流动

2004 年以来，嘉兴市以统筹城乡土地利用为纽带，探索完善农村"三权"自愿有偿退出新机制，建立城乡有序人口迁徙制度，破除城乡资金技术流动体制机制壁垒，促进了城乡劳动力、资本、技术等要素自由流动和平等交换。

## （一）创新统筹城乡土地利用新机制

### 1. 创新城乡土地节约集约利用机制

作为城镇化、工业化快速发展的地区之一，嘉兴市土地资源需求旺盛，但供应一直较为紧张，保障经济发展和保护耕地的"双保"压力巨大。一是土地利用指标总量无法满足快速增长的建设用地需求。1997 年浙江省下达嘉兴市的建设占用耕地规划指标为 5.50 万亩，但规划编制对经济社会发展速度预期不足，规划布局与客观需求存在较大偏差。二是土地利用总体规划明确的新增建设用地总体安排和空间布局与实际建设需要不匹配。三是嘉兴耕地后备资源缺乏，难以达到"占补平衡"要求。《嘉兴市土地利用总体规划（2006~2020 年）》明确要求到 2020 年全市耕地保有量不少于 299.81 万亩，永久基本农田保护面积不少于 276.16 万亩。由于耕地后备资源较为缺乏，土地整理复垦开发成为补充耕地的主要途径。

在建设用地指标紧缺的背景下，嘉兴市城镇人均建设用地和农村人均用地面积明显偏大，挖掘潜力较大，为探索统筹城乡土地利用新机制、统筹协调土地利用提供了机遇。2006 年，嘉兴市城镇人均建设用地为 143 平方米，比全省平均水平 126 平方米高出 13.49%；农村居民人均居住用地面积 161 平方米，农村居民点布局较为分散，全市自然村约 17300 个，旧宅基地占地多等问题比较突出 [1]。农村居民点低密度的蔓延，在很大程度上抑制了农村环境的改善和农村土地利用效率的提高。嘉兴市土地利用的理念逐渐由增量发展向存量挖掘转变，挖潜农村地区低效闲置集体建设用地，成为统筹城乡土地利用的重要路径。

1998 年以来，嘉兴逐步从零星、分散、单一的土地整治项目升级为综合、有序、系统的全域土地综合整治。一是开展以耕地占补平衡为重点的农用地整理。1998~2008 年，嘉兴市以实现耕地占补平衡为目标大量开展了农用地整理。其间，全市共建成标准农田 214.5 万亩，新增耕地面积 33.6 万亩，为平原地区实现耕地占补平衡、缓解建设用地供需矛盾发挥了重要作用。二是开展以城乡建设用地增减挂钩为重点的农村土地综合整治。2008 年，嘉兴市被浙江省委、省政府确定为统筹城乡发展综合配套改革试点城市，在全省率先开展以农房搬迁集聚、宅基地腾退复垦为主的农村土地综合整治，建立市、县两级节余指标交易平台，将零星建设用地复垦转变为以城乡建设用地增减挂钩为平台的农村土地综合整治。2017 年，嘉兴市率先提出"全域土地综合整治"的理念，标志着嘉兴市城乡土地节约集约利用进入新阶段。按照"生态优先、保护优先、节约优先"原则，全域优化农村生产、生活、生态空间布局，对田、水、路、林、村等开展全要素综合整治，逐步构建起"农田集中连片、农业规模经营、村庄集聚美丽、环境宜居宜业、产业融合发展"新格局。

---

[1] 数据来源：《嘉兴市土地利用总体规划（2006~2020 年）》。

## 2.探索农村"三权"自愿有偿退出机制

嘉兴市探索了以"两分两换"为主要内容的农村土地承包经营权、宅基地和农房使用权自愿有偿退出机制（见表2-1）。嘉兴市被列为浙江省城乡统筹综合改革试验区之后，探索实施了"两分两换"政策。按照"土地节约集约有增量、农民安居乐业有保障"的要求，以"农业生产经营集约、农村人口要素集聚，提高农民生活水平和生活质量"为目的，将宅基地与承包地分开、搬迁与土地流转分开。

表2-1 嘉兴市"两分两换"政策的典型模式

| "两分两换" | 典型模式 | 运行机制 |
|---|---|---|
| 宅基地换房 | 放弃宅基地购置商品房 | 对于放弃宅基地进入城镇购买商品的农户，政府对原始房屋按照建筑面积、家庭人口等直接给予农民相应的货币补偿，不再另行安排安置房和宅基地。农民入住城镇后，继续享有原居住地村集体经济组织除申请宅基地以外的权益。为节约集约利用土地，减少二次搬迁，政府鼓励农民首选此宅基地置换模式。 |
| | 宅基地换安置房 | 进入城镇规划控制区、规划的中心村置换安置房的农户，政府对原始房屋按照建筑面积、家庭人口等给予农民相应的货币补偿，由政府统一规划建设住房后，根据不同的情况按不同的价格置换给农户。这部分置换安置房的农户同模式一，不再享有申请使用宅基地的权利。 |
| | 宅基地异地置换 | 对于距离城镇较远的农户，可选择在规划的农村新社区或中心村范围内，由政府统一规划、统一提供标准图纸，由农民自建或联建。 |
| 土地承包经营权换社会保障 | 土地流转 | 对于转包、转租承包地的农户，以年租金形式将承包地等反租给村集体经济组织经营，达到一定年龄的农民可以获得生活补助。 |
| | 土地退出 | 对于愿意永久放弃土地承包经营权的农户，政府参照被征地农民标准和办法办理社会保障，提供就业扶持。 |

资料来源：根据相关资料整理。

"两分两换"政策的具体内容为，以承包地换股、换租、换保障，推进集约经营，转换生产方式；以宅基地换钱、换房、换地方，推进集中居住，转换生活方式。一是宅基地和承包地分开、征地与拆迁分开、改变以往整村整组成规模成建制将农民住房和承包地一起征收为国有的做法，允许退出宅基地的农户保留承包地，承包地可流转，也可自行耕种。对于承包地流转后不愿搬迁或无力搬迁的农户，允许其保留宅基地。征地与拆迁分开，土地征收按建设项目需要即时确定范围，征收范围外不再带拆迁；因工程拆迁或宅基地置换需要搬迁的，不再享受社会保障，但允许其承包地继续流转或耕种，不予征收。二是以宅基地置换城镇住房。在自愿、有偿的前提下，鼓励农民放弃宅基地使用权，到城镇购置商品房或置换拆迁安置房，引导农民到规划的中心村集中建房。三是以土地承包经营权置换社会保障。坚持在自愿、有偿的前提下，引导农民采取转包、转租、入股、置换社会保障等方式流转土地承包经营权，但土地承包经营权换社会保障不能重复享受。对已进城工作、参加城镇职工养老保险且仍有承包地的农户，按照置换社会保障的补偿标准，采取给予一次性货币补偿的方式置换土地承包经营权。

**3. 探索构建城乡统一的建设用地市场**

嘉兴市以建设国家城乡融合发展试验区为契机，积极探索"同地同权、流转顺畅、收益共享"的集体经营性建设用地入市制度，构建城乡统一的建设用地市场。允许符合条件的农村集体经营性建设用地，在坚持土地公有性质不变、尊重农民意愿的前提下，按程序分步骤，以出让、出租、作价出资（入股）等有偿使用方式进入建设用地市场交易，并探索建立兼顾国家、集体、个人的土地收益分配机制。2020年，嘉兴市首宗农村集体经营性建设用地入市在嘉善县成交，实现了农村集体经营性建设用地与国有建设用地"同权同价同责"入市。

### 4. 创新"飞地抱团"城乡融合发展载体

"飞地抱团"发展模式，是嘉兴平湖市探索的农村土地要素资源配置的新模式。在人多地少的平湖市，各集体经济组织能够"挤出"的建设用地数量较少且分散。如何将分散在各集体经济组织的建设用地使用权"飞起来"，从而聚集在一处、集中加以开发和使用，成为迫切需要解决的问题。2006年以来，平湖市鼓励多村联合、整合资源资金，在镇街优质地段联建物业资产，取得了显著成效。2009~2012年，平湖市实施"飞地抱团"项目34个，每年为集体增收1750万元。"飞地抱团"模式不断推广，被运用到"山海协作"和精准扶贫中，拓展了跨省域增减挂钩土地交易的制度路径。

## （二）建立城乡有序流动的人口迁徙制度

### 1. 建立城乡统筹的就业创业政策体系

一是完善统筹城乡就业创业制度。按照"政策制度城乡统一，公共服务城乡一体，就业机会城乡均等"思路，突破户籍和城乡界限，将农村居民纳入就业政策享受范围，建立了城乡、本地外地劳动力平等就业机制。二是全面开展"充分就业村（社区）"创建。健全公共就业服务体系，加强人力资源市场和就业信息服务平台建设，建立市场导向的就业机制，基本实现了城乡平等充分就业。三是积极组织创业促进就业培训。形成了以小额担保贷款、税费减免、创业培训为主的创业支持体系和项目开发、专家指导的"一条龙"服务体系。

### 2. 全面实行按居住地登记户口制度

一是实行城乡统一的户口登记和迁移制度。2008年，嘉兴市出台《关于改革户籍管理制度进一步推进城乡一体化的若干意见（试行）》，附加在户籍制度之上的相关社会公共政策逐步按居民有无承包地配套衔接。二是重点解决户籍制度城乡一体化之后城乡退役军人在安置保障金、就业培训等待遇相差悬殊的问题。三是建立按照承包地持有情况划分的城乡居民社会养老保险政策、最低生活保障制度和老年福利政策，持续缩小保障标准差距。

**3. 建立统筹兼顾新居民利益的体制机制**

一是全面推行居住证制度。2008 年 4 月 1 日起，嘉兴市停发暂住证，改为发放居住证。截至 2021 年 8 月，嘉兴市登记在册的流动人口达 321 万，其中居住半年以上的有 210 万，全市累计签发居住证78 万张，每年新申领居住证的流动人口达到 5 万人（陈培玉、王静方，2021）。二是创新服务管理工作机制。嘉兴市各县（市、区）、镇均成立新居民服务管理机构，村（社区）、规模企业成立新居民事务工作站 2000 多个。设立新居民子女学校，妥善安排新居民子女就学，不断提高新居民子女公办学校就学率。

## （三）打通城乡资金技术双向流动通道

### 1. 健全城乡融合发展公共财政投入机制

一是加大公共财政向农业农村领域的倾斜力度，保障乡村振兴战略的实施。2018 年以来，嘉兴市逐年增加乡村建设、乡村产业发展等支农专项资金，提高资金使用效率。二是开展涉农资金整合。整合中央、浙江省下拨的各项惠农资金，重点支持发展农业产业科技园等新产业新业态平台载体，提升了农业生产现代化、科技化水平。三是调整乡村地区土地出让收入使用范围，提高农村农业投入比例，推动了更多资金流向乡村发展、乡村建设领域。

**2. 构建助力城乡融合发展的金融体制机制**

一是构建农村新型信用合作体系。嘉兴市充分发挥农村信用社以及农商银行支农主力军作用,构建了农村新型信用合作体系。搭建双向沟通平台,加强了农户、乡村信用机构以及担保公司之间的合作,同时对借贷人的资产情况进行摸底调查,展开农户信用评级和风险评估,精准地为农民提供小额信贷服务。积极探索农村合作金融新模式,探索农村资产股权借贷、承包经营权与农房抵押贷款等新形式,多种形式盘活农村闲置资源资产。稳妥推动农村信用社和农商银行改革,健全信贷风险防控机制。二是深化农村集体产权制度改革。一方面,深入推动农村股份合作制改革,通过完善股权有偿退出、转让、赎回机制,建立村级合作经济组织法人治理结构,将市场机制引入集体资产产权交易运行过程,提高了农村闲置资源资产的使用效率。另一方面,完善集体资产市场交易体系和规则,建立资产资源租赁最低限价、农村集体产权交易"分级管理"和"限额准入"制度。

**3. 建立多元化的城乡融合发展投资体系**

一是提高农村地区对资本的吸引力。通过改善乡村地区营商环境,加强交通、通信等基础设施建设,赋予投资主体更大的自主权和经济收益权,提高社会资本投资农村和乡村产业的积极性。二是积极引入和利用外资。充分利用国外企业技术、资金和渠道优势,开拓嘉兴特色农产品的海外市场,推动嘉兴农业品牌走向世界。

**4. 强化农业科技支撑城乡融合发展的基础**

一是完善农业科技创新体系。第一,推动教育财政资金更多投入科研院所和高等院校的发展,支持和培育省级、国家级的农业科技创新示范基地，为乡村产业发展储备了大量的人才。第二，继续深入开展科技特派员制度，把科技下乡落到了实处，在科技人员离岗入村进行帮扶创业期间保障其正常的工资待遇，并提供一定的补贴，鼓励其围绕农业产业链开展服务。第三，强化科研院所与乡村的合作关系，以签订帮扶协议、农村集体资产股权激励等方式，形成紧密的利益共同体，实现产学研协同。

二是加快农业科技成果转化应用。加强农业科技成果知识产权保护，鼓励开展科技成果有偿共享机制，提高科技工作者积极性。建立专业化技术转移机构和技术服务网络，通过股权转移、科技成果投资、技术转让等举措，实现科技成果的市场价值。因地制宜探索适合嘉兴农业农村的农业技术推广模式，培养一大批农技能手，促进新兴农业技术在乡村的生产应用。

# 二 实现城乡要素合理流动和优化配置

嘉兴市通过探索建立以人地挂钩为核心的城乡建设用地增减挂钩新机制，优化了城乡用地布局、破解了经济社会发展用地瓶颈。以深化户籍制度改革和构建农业转移人口成本分担机制，促进了城乡劳动力合理有序流动。以破除城乡资金、技术流动体制机制壁垒，建立了多元化的投资体系，强化了城乡融合发展的资金技术支撑。

## （一）建立了以人地挂钩为核心的城乡土地利用新机制

一是优化了城乡用地布局，促进了城乡统筹发展。通过一系列城乡土地使用制度创新，优化了城乡用地结构和布局，提高了土地节约集约利用水平，城乡建设用地两头同步增长趋势得到有效控制。散、乱、零星分布的农村居民点向城乡一体化新社区和新市镇集中布局取得显著进展。2008年以来，嘉兴市建设城乡一体化新社区153个，100户以上的农村居民点增加215个，减少零星分布的农村居民点1093个，有力促进了嘉兴具有国际化品质的现代化网络型田园城市目标的实现。同时发挥土地使用制度创新的引领作用，加大了城乡公共服务保障统筹力度，建立了搬迁农户与城镇相当的社会保障体系，在教育、卫生服务、就业等方面与当地城镇居民享有相当的服务水平，基本实现了搬迁农户与城镇居民公共服务水平均等化。城乡统筹发展由整体协调阶段迈入全面融合阶段，2013年嘉兴市城乡统筹发展水平位列浙江省第一位（吕玲、邓建华，2014），城乡收入差距进一步缩小，城乡交通等统筹水平进一步提高，土地节约集约利用水平明显提升，城乡一体化新社区户均用地降低30%~40%。

二是促进了耕地保护管控目标实现，提高了粮食生产能力。嘉兴市在后备资源相对匮乏的困难条件下，通过城乡土地使用制度创新和整治，在实现耕地占补平衡的同时，耕地质量、生态环境得到显著改善。2010年以来，通过土地整治补充耕地12.03万亩，其中农村建设用地整理补充耕地4.88万亩；建设高标准农田136.28万亩，实施"旱地改水田"525亩，使耕地质量等别平均提高0.2等；完成表土剥离面积0.61万亩，剥离土方量191立方米；同时针对耕地分布碎片化严重的问题，大力推进耕地连片建设，累计建成万亩田7片，总面积9.88万亩，千亩田14片，总面积11.57万亩，零星分布的耕地"图斑"明显减少，为推进农地流转和农业适度规模化经营打下了坚实的基础，为保障国家粮食安全，提高粮食生产能力做出了积极贡献。

三是改善了农村居住生产环境，促进了美丽镇村建设。在优化居民点布局的同时，为农村居住环境改善奠定了良好基础。集中聚居新社区的道路、绿化等基础设施，学校、卫生等公共服务设施按城乡统筹发展要求进行了统一配套，居住、生产环境及公共设施配套极大改善。集中居住后农民生活污水处理、环卫保洁等基础设施的进一步完善，减少了无序排放对农田和河道的污染。产业集中则杜绝了农村家庭作坊、小厂房对周边环境的破坏；有效保护、改善了农村土地耕作环境，为绿色食品、绿色农业和生态农业的发展奠定了物质基础。尤其是土地整治与"三改一拆""五水共治""美丽镇村建设"等专项行动有机结合，更高效地发挥了土地整治在促进农村居住、生产环境改善和美丽镇村建设等方面的积极作用。

四是提高用地保障水平，破解了乡村产业发展和农民建房用地瓶颈。在国家严控建设用地总规模及新增建设用地规模、计划指标不断减少的形势下，嘉兴市通过城乡土地使用制度创新，实施低效用地再开发，"退二优二""三进三退""腾笼换鸟"等专项整治，腾退低效利用建设用地3060公顷，盘活存量建设用地3420公顷，全市共供应国有建设用地10647公顷，其中存量建设用地占供应总量的比例在32%以上，有力保障嘉兴社会经济发展和城镇化推进建设用地客观需求，有效缓解了城镇、工业空间对农业、生态空间的过度占用，不断增加生态用地供给，抑制甚至扭转了生态赤字不断增大的趋势。同时有效破解了困扰嘉兴市多年的乡村产业用地难、农民建房难问题，累计安排建设城乡一体化新社区用地1668公顷，为4万多户农民建房安排了用地指标和空间。

## （二）促进了城乡劳动力要素合理有序流动

近年来，嘉兴市深化户籍制度改革，建立农业转移人口成本分担机制，加强乡村振兴人才支持等措施，为城乡融合发展提供了稳定的劳动力保障，取得了显著成效。在人口数量和结构上，青壮年劳动力占人口比重为58.32%，一定程度上缓解了全市人口老龄化问题，增加了人口红利。全市人口迁入量连续5年大于迁出量，嘉兴对于劳动力的吸引力不断提升。农业人口进入城镇转移为新市民的数量稳步提高，城镇化率达到60%以上。随着城乡基础设施一体化和基本公共均等化水平的显著提升，乡村对劳动力的吸引力不断增加，城乡劳动力流动逐步从单向流动转变为双向流动，农村劳动力流失问题得到缓解。

## （三）破解了城乡融合发展资金、技术约束

为了解决城乡融合发展过程中存在的资金、技术缺乏的问题，嘉兴市在健全公共财政保障机制的同时，深化了农村金融体系改革，建立了多元化的投资体系，强化了乡村振兴的科技支撑，乡村融资环境不断改善。

一是农信社和农商行服务农业农村农民的职能更加突出。乡村金融产品变得丰富多样，农民群众利用农地承包经营权、宅基地和农房使用权进行抵押贷款发展乡村旅游和服务业，乡村新业态发展取得了明显进步。

二是城乡融合基金的体量不断扩大。嘉兴市在通过财政增加对基

金的投入力度的同时，积极引入社会资本入驻融合基金，以市场机制和竞争机制对城乡融合发展项目进行投资，在一定程度上给予对口人才项目支持，发挥了城乡融合基金助农支农的积极作用。

三是社会资本利用水平不断增加。全市乡村利用社会资本在 15 年里增加了 5 倍，其中乡村旅游等产业利用社会资本增长了近 10 倍，农业利用外资量情况也取得了长足的进步。

# 三 深化城乡要素合理流动和优化配置面临的突出问题

## （一）城乡统筹土地利用面临多重制约

一是耕地保护面临严峻挑战。首先，城乡各项建设发展不可避免要占用耕地。从今后的趋势看，推进工业化、城镇化和农业现代化同步发展，还要占用一些耕地，耕地保护任务艰巨。其次，补充优质耕地越来越难，后备耕地资源匮乏。嘉兴市耕地后备资源接近枯竭，在本行政区内难以实现占补平衡。特别是城市建设占用城郊优质耕地，而通过土地复垦开发补充的耕地相对质量较差。最后，保护耕地缺乏有效约束和激励机制。一方面，城乡发展过于依赖土地收益的推动，许多地方出现了"吃饭靠财政、建设靠土地"的现象，造成了多征、多占、多卖地的激励效应。另一方面，对农民来说，种粮比较效益偏低，不如卖地、租地、入股，保护耕地的积极性不高。

二是农民合理分享土地增值收益问题亟待解决。首先，土地收益归属和分配不公问题亟待解决。目前，国有土地出让收入主要归地方，政府作为土地所有者代表与各方权利主体如何公平分享土地收益，亟待探索最佳的实现形式。其次，城镇化过程仍存在损害农民利益的问题。嘉兴实施的"两分两换"政策，本质上是政府通过推动农村宅基地拆迁、复垦和农民集中居住来获得建设用地指标的行动。在宅基地拆迁补偿水平、集中居住标准、补偿安置政策等方面，均由政府部门主导，农民公共参与相对不足，难以避免出现损害农民利益的现象。

三是农村"三权"自愿有偿退出机制不健全。一方面，农村"三权"有偿自愿退出路径不清晰。嘉兴针对农村集体产权有偿退出机制进行了大量的探索，积累了诸多宝贵经验，但仍未形成一套系统的、规范的、可复制的退出机制。虽然中央鼓励探索建立农村集体产权有偿退出机制，具体的退出群体、接受主体、补偿标准、退出程序等环节方面的表述比较模糊，在具体实践中也只能摸着石头过河，做法各异。另一方面，农村"三权"退出补偿资金压力大。补偿资金不可持续是当前各地探索农村"三权"退出机制时面临的最直接问题。以宅基地使用权有偿退出为例，嘉兴市秀洲区新塍镇宅基地有偿退出货币补偿按照每平方米 4386 元标准计算，一块农村宅基地就有近 50 万元的补偿费。目前，农村集体产权自愿有偿退出还是极个别现象，退出后的产权可能短期内无法再利用，如退出的承包地很有可能只是整体田块中的一小部分，因为地处偏远、形不成规模连片而无人接手。虽然近年来嘉兴市村级集体经济发展较快，2018 年底全市村均拥有集体资产 3840 万元，但是村级资产中经营性资产只占 22.7%；全市村均集体经济总收入达到 403.8 万元，经常性收入达到 196.5 万元，但是村级支出平均为 260.6 万元，有 42.7% 的村当年无经营收益。因此，资金问题是建立农村"三权"自愿有偿退出机制面临的最大约束。

## （二）城乡劳动力双向流动渠道仍不畅通

一是本地高素质人才培养跟不上，乡村吸引人才能力有限。当前，嘉兴本地的高等院校毕业生无法满足嘉兴进一步发展城乡产业的需求，需要通过外部人才引进的措施才能补上发展过程中出现的缺口。全市规模以上企业员工中，大专和本科以上学历人数为44万人，对比近些年毕业生的人数，表明有一部分大学生并没有留在嘉兴本地，而是前往了其他城市，这说明嘉兴对于人才的吸引能力还有待提高。与此同时，乡村产业从业人员劳动素质偏低，人才下乡吸引力不足。

二是人才引入结构不匹配，难以适应嘉兴市城乡融合发展现状。嘉兴市推行的户籍制度改革措施中，落户限制的全面放开使得有意愿并且有能力的农业转移人口得以成功落户，高技术人才可携带亲属落户的措施也吸引了一部分高端人才的目光。但是，城乡产业的发展既需要提供智力保障的尖端人才，也需要从事基本的劳动密集型产业的产业工人，但是随着技术和产业的转型升级，更多的是需要有一定的经验积累也有较高学历的职业技术人才。而现如今嘉兴市推行的人才引进政策，显然忽视了对这一部分人群的关注。他们既不能像农业转移人口一样凭借"三权"置换来获取城镇的公共服务，也不能与高端人才一同享受基本的社会保障，造成了制造业劳动力供需关系紧张的局面。

三是乡村教育与人才培育体系不健全。在实现乡村振兴的背景下，乡村人才培养的核心是根据乡村的实际发展情况，为乡村发展培养拥有专业知识的管理人员和技术人才，对于乡村的教育与人才培育体系有着十分重要的作用。目前嘉兴全市规模以上企业、行业从事农业发展的本、专科以上人才不过一百多人，从事农业生产的劳动力人数也处于不断减少的态势，大量的人才都投入工业等其他行业中，使得能够回归乡村的专业技术人才处于相对短缺的情况。乡村教育体系尤其是基础教育体系的不完善，使得农村人才发展的内生动力不足，农村常住人口平均文化程度不高，更是进一步加剧了乡村、城市劳动力素质差距。

## （三）城市资本下乡内生动力不足

一是银行信贷资金投入不足。目前，嘉兴工、农、中、建等银行及其他金融机构向乡村投放的信贷规模普遍较低。农村信用社提供的小额信贷难以满足乡村产业的发展需求。农地承包经营权和农房抵押融资面临价值评估难、流转处置难、风险补偿难等难题，导致金融机构积极性不高、信贷资金投放不足等问题。

二是乡村社会资本利用率偏低。嘉兴市 2019 年第二、第三产业固定资产投资额分别为 79.26 亿元、160.90 亿元，而第一产业固定资产投资额仅为 4 亿元。投入在农林牧渔等行业固定资产投资额占比不到千分之三，农业发展除了政府提供的财政拨款外，社会资本的投入处于极低的水平。在利用外资方面，嘉兴全市 2021 年利用外资 30.43 亿美元，而农林牧渔业利用外资不到 2500 万美元。上述数据表明，嘉兴市乡村产业发展对社会资本和外资的利用程度不够深入，农业资金来源单一。

三是农业农村保险业发展滞后。农业保险的特点是回报率低、赔付率高。在我国保险业商业化经营之后，由于保险公司的生存需求，需要提高保险业务的经济效益，因此农业保险业务量逐渐下滑，发展状态日渐萎缩。农业农村保险组织发展的滞后不仅恶化了农村金融原本的供给紧张程度，而且严重阻碍了发展农业现代化和城乡融合发展建设的步伐。

# 四　深化城乡要素合理流动和优化配置的思路与建议

党的二十大提出，"坚持农业农村优先发展，坚持城乡融合发展，畅通城乡要素流动"，"深化农村土地制度改革，赋予农民更加充分的财产权益"，"保障进城落户农民合法土地权益，鼓励依法自愿有偿转让"，"推进以人为核心的新型城镇化，加快农业转移人口市民化"，"完善农业支持保护制度，健全农村金融服务体系"。这为嘉兴市深化城乡要素合理流动和优化配置指明了方向。未来，必须从根本上破除城乡分割的体制弊端，着力破解阻碍城乡要素流动的各种障碍，有序推进农民进城、人才和资本下乡，建立城乡统一的要素市场，促进城乡要素从单向流动向双向自由流动转变。

## （一）总体思路

在城乡土地统筹利用方面，深化农村土地制度改革，赋予农民更加充分的财产权益。尤其要探索打通农村闲置宅基地盘活利用与集体经营性建设用地入市之间的制度通道，逐步扩大县域农村宅基地的交易半径，建立完善城乡统一的建设用地市场，为建立城乡统一的土地市场奠定基础。不断完善集体经营性建设用地等农村土地增值收益分配机制，增加农民土地财产性收益。

在城乡人口迁徙方面，持续推进以人为核心的新型城镇化，着力打通农民进城落户通道，以县域为重点加快推进农村转移人口市民化。建立城市人才下乡入乡发展激励机制和具体细则，鼓励农民工返乡就业创业，引导城市居民下乡消费、休闲养老，促进城市各类人才参与乡村振兴。

在城乡资金流动方面，进一步加大财政向农村倾斜力度，加大金融对农业农村支持力度，着力破解乡村资金外流与农民贷款难的矛盾，合理引导城市资本有序下乡并加以监督，建立有利于城乡融合发展的多元化投融资机制。

## （二）深化城乡土地制度改革，优化城乡土地资源配置

### 1.以全域土地综合整治构建城乡融合发展平台

第一，切实落实土地用途管制、强化土地执法监察。严格控制建设占用耕地，完善耕地占补平衡政策。以"两分两换"为基础，加大保护耕地的投入，积极探索耕地保护补偿新机制。

第二，扎实推进农村全域土地综合整治，搭建城乡统筹发展新平台。制定并组织实施全域土地整治规划，实施好以高标准基本农田建设为重点的土地整治重大工程及示范建设，建立健全"政府主导、农村集体经济组织为主体、自规搭台、部门参与、统筹规划、整合资金、各计其功"的土地整治和高标准基本农田建设新机制。在符合规划和用途管制的条件下，允许农村居民利用宅基地开展或合作开发民宿等产业，打通农村闲置宅基地盘活利用与集体经营性建设用地入市的制度性通道。

第三，规范城乡建设用地增减挂钩试点，促进土地节约集约利

用。严格控制增减挂钩的范围，规范管理，确保质量。完善和规范城乡建设用地增减挂钩补偿标准、程序，增加公众参与度。合理安排建设用地增量空间，以优化布局结构腾空间，以节约集约拓空间，向低丘缓坡要空间。

**2.建立完善公平合理的土地增值收益分配制度**

第一，进一步完善征地补偿安置制度。严格限制征地范围，完善补偿机制，拓宽安置途径，按照同地同价原则，及时足额给予农村集体组织和农民合理补偿，确保被征地农民生活水平有提高、长远生计有保障。尤其是对城乡接合部的被征地农民，应采取多元补偿政策，解决好就业、住房、社会医疗保障。不断完善征地补偿安置争议协调裁决制度，引导被征地农村集体经济组织或者农民用法定渠道解决征地补偿安置纠纷，维护社会稳定。

第二，尽快出台农村集体经营性建设用地入市管理办法，以集体经营性建设用地入市提升土地增值收益分配。规范集体经营性建设用地入市主体、入市范围、入市条件、入市方式、入市程序、土地收益分配、前期土地整理开发、地价管理、抵押融资等。完善集体经营性建设用地入市方案和入市合同等格式文本。建立健全土地交易有形市场，把农村集体经营性建设用地出让、租赁纳入公共资源交易平台，统一公开发布信息，实行公开交易。制定完善农村集体建设用地基准地价形成机制，逐步建立城乡统一的建设用地基准地价、标定地价制度，形成与市场价格挂钩的动态调整机制，为集体经营性建设用地入市提供价格指导。按照统筹平衡征地补偿与集体经营性建设用地入市收益分配的原则，完善集体经营性建设用地入市土地增值收益调节办法。完善留归集体的土地收益的使用办法，结合"三资"监管平台建设，严格监督监管资金使用情况。

### 3. 完善农民"三权"有偿自愿退出机制

针对农户主动放弃全部或部分农村集体产权条件下的自愿有偿退出机制，要在坚持农村集体所有制性质不动摇、保障农民利益不受损的原则下，鼓励和支持符合条件的农户，将全部或部分农村集体产权自愿有偿退给所在村集体。

第一，设定退出主体的基本条件。退出主体绝不能因退出全部或部分农村集体产权而影响正常的生产生活，因此建议退出主体范围严格限定在以下三类农户：全家已迁移到城镇生活，非农就业稳定，生活基础已完全融入城镇，被纳入城镇社会保障体系的农户；居住在农村，但家庭劳动力已经实现非农稳定就业的农户；对有房无户、一户多宅、祖宅所有者不在本地或已进入城市居住，有稳定就业渠道的农户。

第二，建立体现产权价值的补偿标准。农村集体产权自愿有偿退出的关键在于有偿标准合理、方式得当，应统筹考虑集体和农民的利益，兼顾眼前利益与长远利益，建立合理的补偿标准和多元化的补偿模式。具体价格和模式由退出主体与村集体自愿协商确定，双方须签订自愿有偿退出协议。对于农村土地承包经营权自愿有偿退出，应当按照现行农村征地补偿标准执行。对于农村宅基地使用权自愿有偿退出，应当综合考虑节余指标平台交易价格、综合片区价格、房地产市场价格等因素。具体可采取货币、公寓房、"货币＋公寓房"、"公寓房＋产业用房"等形式。对于农村集体经济股权自愿有偿退出，应当充分体现股份的实际市场价值。

第三，制定规范有序、差异化的操作程序。在农村土地承包经营权退出方面，退出主体向村集体提出书面申请，经村集体审查，报镇（街道）审核，再报县（市、区）主管部门审批。审批同意后按规定办理土地承包变更合同，收回并注销退出主体的土地承包经营权证。在农村宅基地使用权自愿有偿退出方面，退出主体向村集体提出书面申请，经村集体审查，报镇（街道）审核，再报县（市、区）主管部门审批。审批同意后按规定办理宅基地及农房变更合同，收回并注销退出主体的农房不动产产权证。在农村集体经济股权自愿有偿退出方面，原则上不鼓励，因为股改的目的是实现股权量化到人。其被有偿退回给村集体以后，会导致形成新的集体股，这会对因退回而形成的集体股的处置产生一定影响。

## （三）畅通城乡人口双向流动渠道，确保人口"流得出""回得来"

### 1. 加大对高等教育的财政投入力度，开展广泛的校地合作

解决高素质人才内生动力不足的问题，首先要大力发展嘉兴本地的高等教育，提供专门性补助资金支持高等院校以及研究所的发展，培养1~2所具有示范作用的高校，发挥其引领示范作用，采用竞争和绩效考核机制分配补助资金，促进高校之间的良性发展，将职业发展选择融入课堂，鼓励毕业生毕业后留在嘉兴支持城市建设。其次要加强校地合作，通过提供土地和完备的基础设施，吸引上海、杭州等地的高校前往嘉兴开办分校，实现两地共享教育资源。最后，嘉兴本地的高等院校也需要在政府的牵头下，与其他市区的高校建立广泛的合作关系，以互派交流生、访问学者等形式，提升办学水平，同时通过外聘教授等方式增强师资力量。

### 2. 改善人才引进结构，更好适应城乡融合发展现状

改善人才引进的结构，需要对整个人才数量进行调整。首先是高

端技术人才，这类人才不仅不能减少引进的数量，还必须进一步加大对这一群体的吸引力度，使他们在落户嘉兴的同时能够进入乡村、进入基层，为乡村产业的发展出谋划策。其次是拥有职业技术的专业人才，需要放宽这一群体落户嘉兴的毕业年限限制，放宽企业单位设立集体户的条件限制，将已经毕业年满15年但拥有较高技术水准的产业工人纳入集体户口，助力嘉兴工业与高端制造业的转型升级。最后是农业转移人口，在保持现有规模水平的情况下，将一部分农业转移人口分流至城市周边的城镇，为城镇的基础设施建设提供大量的劳动力，减轻城区接纳大量转移人口产生的压力。

### 3. 加大农村基础教育投入，健全农村人才培育体系

农民的文化基础对于农村人才培育体系的建设有关键的作用，因为农业生产技术的推广需要农民群众具有一定的知识水平。因此，健全农村人才培育体系，一方面要加强对乡村基础教育发展的投入，通过扩大校舍、教师资源的支持，完善农村教育的硬件和软件，在乡村范围内营造学习氛围，使农民养成终身学习的习惯，为乡村本土人才的培养奠定基础。另一方面需要进一步寻找和挖掘乡村地区可用的人力资源，不断增加农技大讲堂的开设频率以及设立专门的农业生产技术培训学校，与城区的科研院所开展常态化合作，形成具有针对性的、区域性的人才培养基地。

## （四）破除资本下乡障碍，引导城市资本有序向乡村流动

### 1. 发展适合乡村发展的多种所有制金融机构

首先，将零散的分布在乡村各地的中小型金融机构进行整合，建立以公有制为主体，多种所有制并存的金融机构，并且在同一区域内

形成两到三个混合所有制形式的金融机构，建立多元化的竞争格局，提高农村地区金融服务水平和效率。其次，进一步明确分布在乡村各地邮政储蓄银行和农村信用社的功能地位，规定其每年提供的支农贷款的最低限度，发挥其广泛吸纳农村存款的同时积极地服务乡村的作用，减少乡村资金的外流。最后，继续推进农村信用社的改革进程，改变其以往相对独立于乡村社会之外的局面，加强信用社与农民合作社等组织之间的联系，建立相关的绩效考核机制，更好地发挥其惠农支农方面的作用。

**2. 积极引导社会资本投资乡村振兴**

要吸引更多的社会资本下乡，首先需要政府部门加强政策扶持，通过出台专项社会资本投入乡村振兴的政策意见，利用 PPP 等政府与社会资本合作的新模式，强化土地、税收和财政金融方面的举措，为社会资本的进入打造良好环境。其次要提高政府服务保障水平，加强服务农业农村领域项目平台建设，根据乡村资源禀赋，为社会资本投资乡村产业发展提供信息支持，建设、运营的全方位服务，为项目开展提供便利。最后是明确目标和原则，建立社会资本与村民之间的利益共享机制，确保农民的固有权益不会受到侵犯，共创一举多赢的局面。

# 第三章　城乡基本公共服务普惠共享

公共服务直接关系民生保障与改善、社会公平与正义，关乎人的全面发展和社会的全面进步。经过近 20 年的不懈努力，我国部分领域的城乡基本公共服务差距逐步缩小，但是长期以来，我国总体城乡基本公共服务供给水平仍存在较大差距。缩小城乡基本公共服务差距、丰富多层次多样化基本公共服务供给，是落实以人民为中心的发展思想、改善城乡人民生活品质的重大举措，也是全面促进城乡融合、扎实推动共同富裕的应有之义。2004 年，习近平同志调研嘉兴时指出，"嘉兴完全有条件成为全省乃至全国统筹城乡发展的典范"。十八年来，嘉兴市始终沿着习近平总书记指引的道路，深入实施"八八战略"，多措并举促进城乡就业、社保、教育、医疗、公共文化等服务体系普惠共享发展。本章在分析嘉兴市城乡基本公共服务一体化取得成就的基础上，总结了嘉兴市推进城乡基本公共服务普惠共享的主要做法，针对目前存在的主要问题，提出了未来嘉兴市城乡基本公共服务迈向高质量普惠共享发展的思路与建议。

# 一　城乡基本公共服务普惠共享的样板

计划经济时期，我国城镇职工的福利保障体系由国家与单位共同提供，而我国农民的福利保障体系则以集体福利、国家福利救济相结合的方式提供，相较于城镇职工，农民的基本公共服务水平远远不足（张薇，2019）。随着改革开放和社会主义市场经济的不断发展，我国的基本公共服务水平在不断提高。2006年党的十六届六中全会通过《中共中央关于构建社会主义和谐社会若干重大问题的决定》，提出逐步实现基本公共服务均等化，我国财政全面进入农村公共服务体系。2007年党的十七大报告再次提出，推进基本公共服务均等化。2013年党的十八届三中全会通过的《中共中央关于全面深化改革若干重大问题的决定》提出，紧紧围绕更好保障和改善民生，促进社会公平正义，深化社会体制改革，改革收入分配制度，促进共同富裕，推进社会领域制度创新，推进基本公共服务均等化。2017年党的十九大报告提出"到2035年……基本公共服务均等化基本实现"。基本公共服务均等化的目标是使全体人民都能够以公平的方式获得均等的基本公共教育、基本劳动就业、基本社会保险、基本医疗卫生、基本社会服务、基本住房保障、基本公共文化体育以及残疾人基本公共服务等。自2006年我国提出实现"基本公共服务均等化"以来，城乡基本公共服务建设水平不断提高。2019年《中共中央　国务院关于建立健全城乡融合发展体制机制和政策体系的意见》进一步提出建立健全有利于城乡基本公共服务普惠共享的体制机制。目前，中国城乡之间不平衡最突出的表现就在于基本公共服务发展水平的不平衡（刘合光，2022）。促进城乡融合，公共服务普惠共享是关键。近年来，嘉兴围绕"城市基础设施向农村延伸，城市公共服务向农村覆盖，城市现代文明向农村辐射"的目标，全力构建城乡一体的公共服务体系，提升城乡公共服务均等化水平取得巨大成就，成为全国城乡基本公共服务普惠共享的样板。

## （一）城乡公共基础教育普惠共享

党的十九届五中全会提出，"促进教育公平，推动义务教育均衡发展和城乡一体化"。2004 年以来，嘉兴坚持教育优先、城乡一体的发展目标，率先推进城乡教育一体化，努力实现义务教育优质均衡发展。2013 年，嘉兴成为全国首个所有县（市、区）全部通过"全国义务教育发展基本均衡县（市、区）"评估的设区市。2020 年，嘉兴所有县（市、区）实现教育基本现代化。嘉兴市十分重视教育均衡发展和实现教育公平，目前已基本实现城乡义务教育普及程度基本相同，生均占有教育资源基本一致，教师专业水平基本相当，学校管理水平同步提高和同类学校教育教学质量基本接近的目标。生师比是衡量教育规模的大小、教育人力资源利用效率，以及办学质量的重要指标之一（冯芳，2013）。运用生师比数据对嘉兴市城乡教育资源配置情况进行分析，2020 年嘉兴市初中生师比达到 11.31；小学生师比达到 17.77，高于全国整体水平（见表 3-1），也超过 OECD 国家平均水平。其中，嘉兴市区小学生师比为 18.42，除市区外县、乡、镇小学生师比为 17.51，城乡小学生师比比率为 1.05，基本达到同等水平；与此同时，嘉兴市区初中生师比为 11.67，而非市区也达到 11.16，城乡初中生师比比率比城乡小学生师比比率更低，仅为 1.04。

表3-1 2020年OECD国家、全国及嘉兴市生师比情况

| 类型 | OECD国家平均 | 全国 | 嘉兴市 | 市区 | 非市区（乡镇） | 市区/非市区比率（城乡生师比比率） |
|---|---|---|---|---|---|---|
| 小学 | 12.5 | 16.67 | 17.77 | 18.42 | 17.51 | 1.05 |
| 初中 | 12.5 | 12.73 | 11.31 | 11.67 | 11.16 | 1.04 |

数据来源：*Education at a Glance 2021：OECD Indicators*、《中国统计年鉴 2021》、《嘉兴统计年鉴 2021》。

## （二）城乡公共医疗卫生普惠共享

健康是幸福生活最重要的指标。长期以来，嘉兴市坚持不懈地推进城乡医疗卫生公共服务普惠共享发展，制定相关医疗卫生制度予以落实，城乡医疗卫生服务取得明显成效。2021 年嘉兴市人均预期寿命达到 82.68 岁，从全球范围来看，高于大部分发达国家水平，仅次于日本、瑞士、西班牙、新加坡和澳大利亚[1]；与此同时，嘉兴市婴幼儿死亡率、重大慢性病过早死亡率均优于全国平均水平，主要健康指标均达到发达国家水平。从城乡医疗卫生资源来看（见表 3-2），2020 年嘉兴市城乡人均卫生医疗机构床位数均高于全国平均水平，但城乡医疗卫生机构配置水平仍然有一定差距。然而，医疗卫生属于服务行业，其最重要的资源是优秀的医疗卫生人员，在卫生技术人员的数量和质量上嘉兴城乡差距显著低于全国水平。此外，嘉兴市村级基层医疗卫生机构标准化建设和城市医联体建设实现了市域"全覆盖"，大幅促进了农村医疗水平的提升。

---

[1] 世界卫生组织（WHO）2018 年报告《世界健康统计》。

表3-2　2020年全国及嘉兴市城乡人均卫生资源比较

| 指标 | 千人卫生机构床位数（个） | 千人卫生医疗机构（个） | 千人卫生技术人员（人） |
|---|---|---|---|
| 全国 | 6.46 | 0.07 | 7.57 |
| 城镇 | 8.81 | — | 11.46 |
| 农村 | 4.95 | — | 5.18 |
| 全国城乡人均卫生医疗资源比率 | 1.80 | — | 2.21 |
| 嘉兴市 | 6.60 | 0.2 | 10.81 |
| 市区 | 10.03 | 0.17 | 15.32 |
| 非市区（乡镇） | 5.37 | 0.21 | 9.22 |
| 嘉兴城乡人均卫生医疗资源比率 | 1.86 | 0.79 | 1.66 |

数据来源：《中国统计年鉴2021》《嘉兴统计年鉴2021》。

## （三）城乡社会保障普惠共享

近年来，嘉兴市始终坚持以城乡一体化为目标建立覆盖全民、城乡统筹、权责清晰、保障适度、可持续的多层次社会保障制度体系，制度覆盖率不断提高，项目不断扩展，保障水平不断提高，城乡社会保障普惠共享取得显著成效。在社会保险领域，嘉兴基本医疗保险早在2003年实现城乡统一的制度全覆盖和人群全覆盖；基本养老保险在2007年率先实现制度全覆盖，成为全国首个实现社会养老保险全覆盖的地级市，近百万城乡居民受益。以户籍人口为标准，2020年底，基本养老保险、基本医疗保险、失业保险、工伤保险以及生育保险参保率分别达到92.71%、115.28%、42.46%、62.21%以及44.80%，均显著高于全国平均水平，覆盖城乡的社会保险制度已经成型，覆盖面不断扩展（见表3-3）。在社会救助领域，嘉兴建成了覆盖城乡的城乡一体、相互衔接、运作规范的综合性救助制度安排，到2020年底，嘉兴共有1448人享受农村特困人员救助供养，最低生活保障保障对象有 2.22 万人，基本实现应救尽救。此外，社会服务、保障性住房、老年人服务等社会福利事业也得到全面发展，截至 2020 年底，嘉兴市共有 1044 家社区居家养老服务照料中心，在浙江省率先实现城乡基本全覆盖。

表3-3　2020年全国及嘉兴社会保障制度参保情况比较

单位：万人，%

| 地区 | 基本养老保险参保人数（参保率） | 基本医疗保险参保人数（参保率） | 失业保险参保人数（参保率） | 工伤保险参保人数（参保率） | 生育保险参保人数（参保率） |
|---|---|---|---|---|---|
| 全国 | 99864.9（70.74%） | 136131.1（96.43%） | 21689.5（15.36%） | 26763.4（18.96%） | 23567.3（16.69%） |
| 嘉兴市 | 340.59（92.71%） | 423.53（115.28%） | 156.37（42.46%） | 228.53（62.21%） | 164.57（44.80%） |

数据来源：《中国统计年鉴 2021》《嘉兴统计年鉴 2021》

## （四）城乡公共文化服务普惠共享

习近平总书记多次强调"以文化人""以文育人"。党的十九届五中全会提出要"提升公共文化服务水平"，并对相关工作做出总体规划与部署。随着社会主要矛盾的转变，人民群众对精神文化生活的需求内涵和品质不断提高。嘉兴以满足人民对精神文化生活美好期待为目标，在城乡公共文化服务产品提供、资源共享、内涵挖掘、服务方式等多个方面进行了创新探索，并取得显著成果。2021 年底，嘉兴县级文化馆和图书馆覆盖率均达 100%，乡镇文化站和行政村文化活动室覆盖率均达 100%，公共图书馆虚拟网络基本全覆盖，基本实现城乡一体化"15 分钟健身圈"。嘉兴首创的"城乡一体化公共图书馆总分馆体系"作为第一批国家公共文化服务体系示范项目，被称为"嘉兴模式",以县域为基本单元,以县(市、区)文化馆为总馆,镇(街道)综合文化站为分馆,村(社区)文化活动中心(文化礼堂)为支馆,形成"人员互通、设施成网、资源共享、服务联动"的服务体系,成为全国样板(段宇锋等,2019)。嘉兴尤其重视农村地区公共文化服务体系建设,城乡公共文化资源普遍差距较小(见表3-4),已经全面建成覆盖城乡、便捷高效、保基本、促公平的现代公共文化服务体系。

表3-4　2020年嘉兴市城乡人均文化资源比较

| 指标 | 嘉兴 | 市区 | 非市区(乡镇) | 市区/非市区比率(城乡人均公共文化资源比率) |
|---|---|---|---|---|
| 万人拥有公共图书馆(个) | 0.016 | 0.010 | 0.018 | 0.57 |
| 万人公共图书馆藏书量(册) | 2935 | 2985 | 2917 | 1.02 |
| 万人拥有文化站数量(个) | 0.02 | 0.023 | 0.018 | 1.25 |
| 组织文艺活动次数(次) | 3622 | 242 | 3380 | 0.07 |

数据来源:《嘉兴统计年鉴2021》。

全国文明城市是国家含金量最高、综合性最强、影响力最大的城市品牌,是对一座城市经济社会综合发展水平的最高评价。自2001年嘉兴提出创建全国文明城市工作目标以来,不断深化建设崇德向善、文化厚重、和谐宜居、人民满意的高质量的全国文明城市,让文明的种子在嘉禾大地继续播撒,浸润于每一位市民的日常行为中,镌刻在嘉兴城市精神的最深处,内外兼修筑起发展"精神高地",实现嘉兴城乡精神共同富裕。2020年,嘉兴实现全国文明城市荣誉"四连冠",嘉善县、平湖市、海盐县成功创建成为全国文明城市,成为浙江省一次性成功创建全国文明城市数量最多的地市。全市现有县级以上文明单位2608家,现有县级以上文明村镇764个,建成率94.6%。

嘉兴以满足人民群众对美好生活的向往，以提升城市品质为根本需求，为推动"文明城市"向"文明典范城市"迭代升级打下坚实基础。

### （五）城乡就业创业服务体系普惠共享

嘉兴将就业创业和社会保障工作作为重要的民生工程，不断完善统筹城乡的就业创业和社会保障体系，进一步强化城乡融合就业、提高就业质量、创业层次，为统筹城乡发展，促进经济转型升级，维护社会和谐稳定做出了积极的贡献。"十三五"时期嘉兴累计新增城镇就业人数68.65万人，帮助城镇失业人员实现再就业26.1万人，就业困难人员再就业8.2万人。2020年零就业家庭实现"动态归零"。嘉兴深化就业体制改革，打破城市化驱动新增就业的"单一模式"，将挖掘新增就业岗位的重心向乡村倾斜，结合高质量就业村（社区）建设，根据当地产业结构，加大乡村区域公益性岗位、爱心岗位、基层岗位等开发建设力度，2020年新增公益性岗位500个以上。同时，加大农村电商创业带动就业，落实统一的就业创业政策和人力资源服务标准，实现城市化建设带动就业和乡村振兴促进就业的有机融合。

## 二 推进城乡基本公共服务普惠共享的主要做法

完善公共服务供给体系，提高公共服务供给水平既是政府的重要职责，也是最大程度地满足人民对公共服务多层次和多样化的需求，使人民群众公平均等地分享改革发展成果、更好地促进人的全面自由发展的重要方式。嘉兴先后通过一系列改革措施和制度安排，构建起多层次、城乡均等和制度可持续的公共服务体系，探索出一条公平普惠、多元共享的城乡公共服务改革路径。

## （一）全面建立城乡均衡的教育资源配置机制

嘉兴坚持教育优先、城乡一体的发展目标，在全国率先推进城乡教育一体化，先后推进了城乡义务教育学校教师轮岗交流试点、国家特殊教育改革实验区建设、中考招生制度改革、初中生综合素质评价改革、学前教育"以县为主"管理体制改革等一系列改革与试点，为推进城乡教育普惠均衡积累了丰富经验。

**1.统筹推进城乡学校办学条件一致**

一是同标准规划。20世纪90年代初，针对农村义务教育学校办学规模过小，管理水平偏低，师资配备较差等问题，嘉兴连续实施了多轮的学校布局调整。到21世纪初，学校布局调整基本完成，全面实现了"高中段学校向城市集中、初中向中心镇集中、中心小学向镇所在地集中、村小向中心村集中"的学校布局调整目标。二是同标准建设。布局调整完成后，嘉兴先后抓住薄弱学校改造及校安工程、标准化学校创建等项目，提升中小学学校校舍条件，实现了城乡学校建设标准一致。三是同标准配置。城乡学校设备设施配备、教育信息化发展同标准保障。城乡学校生均占有校舍资源、教学设备、图文信息资源、公用经费基本一致，实现了义务教育均等化服务。此外，嘉兴还率先实行城乡教师编制一体化、城乡学校教师同标准配置。

**2.高标准保障城乡师生待遇平等化**

一是提高教师待遇水平。嘉兴通过实施农村教师特岗津贴，实现农村义务教育学校教师收入普遍超过城市教师，确保乡镇学校留得住人。二是实现农村教师高职称。教师职称评审政策向农村学校倾斜，同时，把农村学校工作经历作为高级职称评选的前置条件。三是提升农村教师高获得感。嘉兴市自 2005 年就开始实施优质普通高中名额分配到初中学校的招生政策，并且名额分配比例不断提高，2021 年达到优质普通高中招生总数的 60%，以此遏制优质生源集中到少数几所"好初中"，实现生源的相对均衡，也实现了农村教师也有"好学生"教，提升了教师的职业获得感。

### 3. 实现城乡学校办学质量均衡

一是开展城乡教师流动改革。2011 年嘉善县率先实施国家级城乡义务教育学校教师流动试点，至 2013 年嘉兴已实现城乡义务教育学校教师流动常态化，2018 年嘉兴"县管校聘"管理改革试点全面推开，为城乡教师流动提供了制度保障。二是开展学校评价改革。2009 年嘉兴市启动了学校发展性评价改革，设定基础性指标和发展性指标，推动学校个性特色发展，把学生在学校的发展提升作为评价的主要依据。三是积极建设城乡教育共同体。嘉兴为扩大现有优质教育资源覆盖面，充分利用"互联网 +"义务教育，推广城乡学校"同步课堂"建设等措施，努力用信息技术缩小区域教育差距；此外，通过推进集团化办学和城乡学校共同体建设，探索出"名校 + 老校""名校 + 弱校""名校 + 新校"等模式，以城带乡、以强带弱，实现区域教育资源配置和教育质量的均等化。

## （二）积极构筑城乡统筹的健康医疗服务体系

### 1. 扎实推进县域医共体改革

嘉兴积极推进县域医共体改革，实现了基层医疗机构资源纵向整合，切实提高了城乡基层卫生与健康服务质量和水平。一是统筹城乡医疗卫生资源配置，完善医共体组织架构。嘉兴结合地域特点和群众就医习惯组建医共体医疗集团，实施集团化管理、一体化经营和连续式服务，实现卫生医疗资源共建共享、管理同标同质和服务优质高效，发挥统筹城乡优势，"大手牵小手"优化医疗资源利用，助推乡村振兴战略。二是强化医共体基本医疗服务能力，以医共体为主体巩固沪杭合作办医，增强基层卫生医疗服务供给能力。三是推进数字卫生智慧医疗建设，实现医共体内及跨医共体的数据安全传输和标准化互联互通及共享。

### 2.建立城乡统一的医疗保障体系

一是统一城乡基本医保制度。嘉兴始终坚持城乡一体化建立健全医保制度，2003年在全国率先实现了新型农村合作医疗与城镇居民医疗保险制度的并轨运行，2007年建立起覆盖全民、城乡统一的城乡居民合作医疗保险制度，2013年实施全新的城乡居民基本医疗保险制度，2019年嘉兴建成了涵盖职工医保、城乡居民医保、生育保险、大病保险、医疗救助、基金监管等内容的综合性医保制度。二是统一城乡大病保险制度。嘉兴2018年开始实行大病保险市级统筹，职工医保和城乡居民医保的参保人员同时参加大病保险，享受相同待遇，有效防范和化解了因病致贫、因病返贫现象。三是统一城乡医疗救助制度。2019年嘉兴统一并提高了嘉兴医疗救助水平，为打赢脱贫攻坚战发挥了医保作用。四是统一商业补充医疗保险制度。通过政府引导支持，群众自愿参保，保险公司承担保险责任，嘉兴建立起统一实施的补充型商业医疗保险。

### 3.建立城乡一体的长期护理保险制度

嘉兴在全国率先以设区市为单位建立和实施城乡一体、全民覆盖、独立险种的长期护理保险制度，有效破解了失能人员护理难题，促进了养老服务产业发展。一是参保全民化，将职工医保和城乡居民医保两类参保对象全部纳入制度范围，实现了城乡人群全覆盖。二是标准一体化，所有参保人员户籍不分城乡、年龄不分长幼，筹资和待遇水平实行统一标准。三是评定专业化，建立主要由社区卫生服务中心中级以上职称医护人员组成的失能等级评定专家库，从疾病病史、日常生活活动能力、精神状态、感知和沟通能力、社会参与能力五个维度对失能人员进行综合评估。四是模式多元化，护理服务分为养老机构护理、医疗机构护理、居家护理多种类型，在服务的供给方式上采用劳务为主、货币为辅、实物为补充的多元化形式，满足不同失能人员和家属对服务的不同需求。

## （三）不断深化城乡一体的社会保障体系

### 1. 建立领先的城乡居民养老保障体系

嘉兴率先实行城乡社会保障体系一体化的制度设计，已建立起统筹城乡的"多层次、广覆盖、可衔接"的社会养老保险体系。一是率先建立了城乡居民基本养老保险制度，2006年党的十六届六中全会通过的《关于构建社会主义和谐社会若干重大问题的决定》提出，到2020年中国要基本建立覆盖城乡居民的社会保障体系。2007年嘉兴出台《嘉兴市城乡居民社会养老保险暂行办法》，在全国率先推出了城乡居民社会养老保险制度，实现城镇职工基本养老保险与农村社会养老保险相结合，并使各类社会养老保障对象之外的城乡居民都能享受养老保险，达到城乡社会保障制度无缝隙、全覆盖。二是基础制度实现了城乡同步，在城乡居民养老保险制度体系下，嘉兴城乡社会养老保险缴费标准、补贴标准等均实现了同步调整、同步优化、同步提高。三是不断加强养老保险制度的衔接与转换，党的十九大报告中关于 2020 年到本世纪中叶的两个阶段明确提出"城乡区域发展差距和居民生活水平差距显著缩小"与"完善城镇职工基本养老保险和城乡居民基本养老保险制度"的要求，嘉兴通过进一步降低最低缴费标准，促进城乡居保与职保等养老保险制度的转换衔接，建立和完善统一的城乡社会保障体系框架。

### 2. 重视城乡养老服务体系建设

嘉兴始终高度重视城乡养老服务体系建设。一是实现政策制度系统化。嘉兴先后出台《关于加快完善社会养老服务体系建设的意见》《关于加快发展养老服务业的实施意见》等指导性文件，配套制定养老服务需求评估、养老服务补贴、社区居家养老服务照料中心等级评定、民办养老机构扶持等制度，建立了养老服务用地用房、融资信贷支持、投资权益保障、财政支持、税收优惠、人才队伍建设等支持政策，为养老服务营造良好发展环境。二是实现城乡养老服务设施体系化，嘉兴按照资源整合、就近就便、功能配套、方便实用的原则，积极推进城乡各类养老服务设施建设。确保市区、各县（市、区）城区均建成 1 家以上大型公建养老机构，各镇（街道）基本有 1 家公建养老机构，以及多家兼具日间照料与全托服务功能的镇（街道）示范型居家养老服务中心，确保养老服务设施城乡全覆盖。三是努力实现城乡养老服务运行社会化。嘉兴充分发挥社会力量的积极性和创造力，破除"公建公营"传统机制，推进养老机构"公建民营"，引入专业机构运行各类养老服务设施，实现养老服务多元化发展。

### 3. 全面建立覆盖城乡的社会"大救助"体系

嘉兴通过构建社会"大救助"体系、提供精准救助服务，有效提升了困难群众的获得感和幸福感。一是注重"大救助"体系顶层设计。2016年嘉兴出台了《全面构建社会"大救助"体系的意见》，建立起收入在低保标准2倍以内困难家庭需求信息数据库，准确了解困难群众实际需求，通过统一的困难家庭认定、推送和定标，开展助困、助产、助业，实现社会救助"需""供"精准对接。二是实施"突发性"贫困救助政策。嘉兴改变以往单一的以"收入"为救助标准的做法，将家庭刚性支出较大造成生活困难家庭纳入救助范围，实现了从"收入型"救助向"收入型"与"支出型"贫困救助并重的转变，有效缓解了城乡居民突发性、紧迫性、临时性基本生活困难。三是建立"五位一体"医疗救助体系。针对因病致贫问题，嘉兴搭建起"基本医保＋大病保险＋政府救助＋慈善救助＋公益众筹"五位一体的困难群众医疗综合救助保障体系。四是数字赋能"大救助"体系全面深化。依托政府智慧平台探索建立社会救助家庭经济状况"一键核对"平台，嘉兴整合民政、社保等10个部门39项信息开展经济状况核对，打破了信息孤岛和数据壁垒，为实施救助提供有力保障。

## （四）持续打造现代化城乡公共文化服务体系

### 1. 构建覆盖城乡公共文化设施网络

嘉兴在全国率先探索实践以"设施成网、资源共享、人员互通、服务联动"为主要特点的城乡一体化公共图书馆服务体系建设"嘉兴模式"，建立起以市（县、市）总馆为中心、镇（街道）分馆为切入口和纽带、村（社区）服务点和图书流通站、汽车流通点等为基础的城乡公共图书馆服务网络，并开通了数字图书馆、手机图书馆、电视图书馆、汽车图书馆等，形成以覆盖城乡的公共图书馆服务设施网络为基础，以全面共享的数字资源服务平台作支撑的运作模式，统筹了城乡文化资源，统一了城乡服务规范，畅通了公共文化服务供给的"最后一公里"，为广大基层群众平等享受公共文化服务提供了体制保障。

### 2. 提升城乡公共文化均等化服务标准

嘉兴在创建国家公共文化服务体系示范区的过程中，注重制定和提升城乡公共文化服务标准，促进城乡公共文化服务形成规范化、标准化体系，先后出台《嘉兴市基本公共文化服务实施标准》《嘉兴市公共图书馆中心馆—总分馆服务体系标准》《嘉兴市文化馆总分馆服务体系标准（暂行）》等，促进了城乡基本公共文化服务标准化、均等化。与此同时，图书馆总分馆建设"嘉兴模式"以及文化馆总分馆制"嘉兴经验"也正式上升为省级地方标准，在浙江省推广实施。

### 3. 打造制度化品牌化城乡群众文化活动

嘉兴全面开展群众文化活动"158计划"，即每个行政村（社区）每月观看1场电影，每年观看5场戏曲或文艺演出，每年开展8场规模较大的文体活动。嘉兴所有镇（街道）均组建省定标准的"三团三社"。依托重大节日、传统文化资源和地方特色文化项目，嘉兴每年举办春节元宵系列文化活动、端午民俗文化活动、"社区之声"文艺调演、乡村文化艺术周、新居民文艺会演、城乡文化走亲等具有代表性的群众性文化活动。自2017年起，嘉兴每年举办"市民文化艺术节"，制度性开展送戏下乡、送讲座下乡、送书下乡，贯穿全年、覆盖全市、联动城乡。

### 4. 构建城乡新时代文明实践中心体系

新时代文明实践中心是深入宣传习近平新时代中国特色社会主义思想的重要载体，有利于动员和激励广大农村群众积极投身社会主义现代化建设。为推动习近平新时代中国特色社会主义思想在嘉兴落地生根，进一步加强改进宣传思想文化工作和精神文明建设，打通宣传群众、教育群众、关心群众、凝聚群众、服务群众的"最后一公里"，满足人民群众的精神文化需要，嘉兴构筑起城区、镇街道、村社区三级联动，"实践中心—实践所—实践站—实践点"四级新时代文明实践中心体系。嘉兴先后打造了一批"可看可学可示范"的新时代文明实践阵地，直达居民小区、文明单位、党员先锋站、妇女微家、创业基地、智慧书房、红立方等实践点。在传播模式上，以"融媒体+e智慧"创新传播思路，让新思想"飞入寻常百姓家"。在特色培育上，统筹开展了一系列"切口小、点子新、效果实"的文明实践活动，推出了"孝德停车""孝德午餐""爱心车队""钥匙帮""一杯豆浆的温度"等"微德治"项目。以新时代文明实践中心为载体，嘉兴志愿服务蔚然成风，2021年共有注册志愿服务组织2.3万个，注册志愿者人数达143万余人，开展各类志愿服务活动55822次，活跃志愿者34万余人，服务时长1600多万小时，活跃志愿者人数和服务时长均居浙江省第一。嘉兴约24.6万名党员以"一员双岗""一编三定"方式入驻"微嘉园"，开展"三服务"。文明实践志愿者也达到77.3万多人，2020年开展文明实践活动44011场，服务群众200万余人次，不断擦亮"红色志愿之城"的金字招牌。

## （五）积极构建城乡统一的就业创业体系

嘉兴不断完善统筹城乡就业创业体系，通过城乡统一困难群体就业援助、统一人力资源市场、统一就业服务、统一用工管理等，提高城乡就业质量、创业层次和社会保障水平，为统筹城乡就业创业服务积累了经验。

**1.实施城乡统一的困难群体就业援助**

嘉兴出台了一系列全面推进城乡就业一体化的政策措施，重点针对城镇下岗失业人员、城镇零就业家庭、被征地农民、农村低保家庭等城乡困难就业人员实施就业援助，先后通过政府购买社区管理服务、河道保洁、道路养护和园林绿化等公益性岗位，对吸纳城乡就业困难人员企业和用人单位实施财税优惠政策，对从事个体经营和自主创业的城乡困难人员实施优惠财税政策，以及专门制定促进被征地农民就业创业政策，保障了城乡困难群体就业。

**2.建立城乡统一的人力资源市场**

为加快完善覆盖城乡的人力资源市场体系，嘉兴形成了以市人力资源中心市场为核心、县（市、区）人力资源市场为骨干、覆盖镇（街道）、辐射村（社区）的四级人力资源市场体系。此外，除了建立有形的城乡人力资源市场体系，嘉兴同时大力发展信息化城乡人力资源平台，尤其是镇（街道）劳动保障信息化平台建设，并建立起村（社区）专、兼职劳动保障协理员队伍，政府、市场、用工单位及求职者，通过开放共享的城乡人力资源平台实现了城乡就业服务和失业保险业务全程信息化、智慧化。

**3.完善城乡统一的就业服务体系**

一是建立了城乡公共就业服务制度，完善公共就业服务功能，为城乡就业人员提供求职登记、职业指导、招聘洽谈、培训申请、鉴定申报、档案托管、劳动保障服务代理等一站式服务。二是完善促进城乡就业的劳动培训服务体系，通过政府出资购买服务，开展了因地制宜的就业培训。如针对失地农民、转业渔民、外地移民和农村劳动力进行了转移就业培训；针对农业龙头企业和农村专业合作组织负责人进行了经营管理培训；以及针对在城镇就业的农村劳动力，重点提高其职业能力，着力开展了职业技能培训、岗位培训。

**4.建立城乡统一的用工管理制度**

一是强调用人单位招用农民工必须依法签订并履行劳动合同，建立了城乡一体的劳动用工执法监督体系和制度，包括建立有效的企业工资支付监督制度、劳动关系三方协商机制，以及劳动保障执法监督制度，规范城乡用工秩序。二是建立了城乡统一的就业登记和失业登记制度，对劳动年龄内的城镇失业人员、农村土地被征用劳动者和自愿向二、三产业转移的农村剩余劳动力均实施失业登记。

# 三 推进城乡基本公共服务高质量普惠共享存在的主要问题

## （一）城乡基本公共服务供给水平差距尚未完全消弭

新时代中国的社会主要矛盾已经发生了根本性转变，人民群众的需求不仅日趋多元化，而且在不断转型升级。近年来，嘉兴城乡基本公共服务供给数量显著增加、质量显著提升，但城乡之间基本公共服务的供给水平和供给质量仍然存在一定差距。例如，城乡卫生医疗资源方面，嘉兴市区的人均拥有卫生机构和床位数量分别是非市区地区的 1.61 和 1.88 倍，差距大于全国平均水平。与此同时，虽然嘉兴十分重视基层卫生医疗机构网络建设，但城乡卫生医疗硬件资源配置上的差距仍然不容忽视，如嘉兴非市区地区的人均拥有基层卫生医疗机构数量已经高于市区，然而市区人均拥有的基层卫生医疗机构床位数却达到非市区的 3.94 倍，由于城乡卫生资源配置不平衡，乡镇卫生院（所）仍然很难提供优质的医疗服务。而在养老设施方面，嘉兴城区养老机构的软硬件设施相对较好，入住率相对较高，但农村养老机构的硬件设施、服务水平普遍不高，空置情况比较严重。基本公共服务的供给水平和质量差距影响着城乡居民的公平感、获得感和满意度，随着嘉兴城乡基本公共服务均等化水平的不断提高，未来要实现更高水平、更高层次的基本公共服务均等化，应不断弥合城乡差距，直至城乡基本公共服务供给水平、供给质量和供给标准实现全面均衡。

## （二）城乡基本公共服务品质有待提升

嘉兴覆盖城乡的基本公共服务体系已经初步建立，主要服务项目的覆盖率、重要服务资源的人均拥有量等指标持续提高，但随着社会主要矛盾的变化，群众对基本公共服务的需求内涵和品质层次发生了质的改变，基本公共服务从原来的"均等化"转向"个性化"，从"有没有"转向"优不优"。如在社会保障领域，嘉兴已全面实现城乡社会保障全覆盖，但城乡居保待遇整体水平仍有待提高，从长三角区域来看，2020 年上海基础养老金最低标准达到 1010 元 / 月，苏锡常地区为 500 元 / 月，嘉兴 225 元 / 月的平均待遇虽处于浙江省前列，但与长三角发达地区仍存在一定差距。公共服务高质量发展承载着人民对美好生活的向往，要满足人民对美好生活的需要，就要把提升公共服务质量摆到重要位置。随着经济社会持续发展，人民生活水平不断提高，人民群众对公共服务的要求不仅越来越高，而且呈现多层次、多样化特征，这客观上便要求公共服务的内容更加丰富、供给途径与供给方式更加多元化，只有这样，才能更好地适应人民群众的需求状况及变化趋向（黄新华等，2020）。

## （三）城乡基本公共服务人才短板显著

公共服务专业队伍的缺乏和专业服务人才的不足是公共服务领域普遍存在的问题，从中长期看，这也是制约公共服务进一步发展和质量提升的最大瓶颈。嘉兴市属于全国范围内老龄化程度较高地区，2020年底60周岁以上户籍老年人占比达到26.96%，远高于全国的18.7%水平。近几年嘉兴市养老机构数量增长迅速，但床位数增长相对缓慢，造成这种现象的原因之一，就是专业化的养老护理人才缺口较大。当前养老护理从业人员多来自农村进城务工人员和城市失业人员，专业水平、服务质量等均不能有效满足服务对象的需求。此外，在医疗卫生服务方面，2020年嘉兴市每千人医生数、护士数等指标均低于浙江省平均水平，并且医学高端、紧缺人才和队伍力量也不足，导致城乡医疗服务综合实力与城市定位不相匹配。

## （四）城乡基本公共服务供给模式有待创新

推动公共服务高质量发展，必须创新供给方式。过去在市场组织不够发达、社会组织尚未得到普遍认知与全面发展的阶段，城乡基本公共服务供给主要依靠政府直接投资兴办公立医院、公立学校、公立养老院等公共组织与公共设施等。随着人民群众日益增长且要求越来越高的多层次、多样化的公共服务需求的出现，亟须培育多元化的公共服务供给主体，不断创新公共服务供给方式（高传胜，2021）。在政府的有效规制下，积极培育市场组织、社会组织，让它们既有公平机会又能积极参与各个领域、各种类型与各种层次的公共服务供给中，不仅有助于丰富公共服务内容、提高供给效率与供给水平，还可以减轻政府包揽一切所带来的财政负担和行政压力，同时还能给公立机构带来竞争压力，迫使它们不断提高服务效率、服务水平与服务质量。如教育、医疗卫生、养老服务等，尽管现在不少领域已经开始倡导和鼓励拓展更多的供给渠道与供给方式，但原有的供给格局并未得到根本性的彻底打破，公共服务领域的"放管服"改革还不够全面深入，市场组织、社会组织参与公共服务供给的机会与条件还不够成熟，积极性也亟待进一步增强。

# 四 推进城乡基本公共服务高质量普惠共享的思路与建议

## （一）推进城乡基本公共服务高质量普惠共享的基本思路

新时期，嘉兴应结合公共服务领域目前存在的突出问题，推动城乡基本公共服务向更高质量的普惠共享方向发展。正如习近平总书记所指出的，高质量发展，就是能够很好满足人民日益增长的美好生活需要的发展。嘉兴城乡基本公共服务更高质量的普惠共享发展，就是要在实现城乡基本公共服务能力全覆盖、质量全达标、标准全落实、保障应担尽的基础上，进一步巩固成绩、夯实基础、深化供给侧结构性改革，使城乡基本公共服务供需更加匹配、资源配置更趋合理、供给主体更趋多元、服务内容更加丰富、供给竞争更加充分、服务方式更加便捷以及运行保障更加高效，全民共建共享的公共服务格局不断完善，社会关注的民生热点难点问题得到切实有效解决，广大群众的获得感、幸福感、安全感不断提升，打造民生幸福嘉兴样板，走好共建共享的共富路。

## 1. 共享发展，提升服务普惠性

在构建城乡基本公共服务制度体系过程中，普惠性、基础性、兜底性是公共服务建设的基本原则，保障群众基本生活是构建公共服务体制的最低标准，让人民共享社会发展和改革的成果是公共服务的主要目的。突破公共服务供给的各种现实障碍，通过扩大基本公共服务的受益群体、供给内容和地域范围，使公众能够更好地共享改革红利，提升人民生活品质。

## 2. 均衡发展，提升供给可及性

要根据实际需求统筹规划、合理布局、精准投入、均衡配置，使城乡居民更加便捷、智能、公平地获得基本公共服务。解决好基本公共服务供给的"最后一公里"问题，满足城乡居民基本公共服务地理可达、服务可获得、经济可承受、品质可接受，城乡之间、各阶层之间人群的均等享有、同步分享和协调发展（熊兴等，2021）。

## 3. 规范发展，推进供给标准化

标准化是实现基本公共服务普惠共享的技术基础和现实路径，也是提高基本公共服务质量的重要抓手。要建立城乡基本公共服务标准体系，尤其是基本公共服务可达性的评价标准，确定可达性评价的指标体系、方法和程序。在保障基本公共服务的基础上，根据公众不断提高的对公共服务的新需求，适当扩大基本公共服务范围，提高基本公共服务标准，增加基本公共服务的途径和方式，做到与时俱进、适度提高。

### 4. 开放发展，推进供给多元化

创新基本公共服务制度，明确政府基本职责，合理划分政府财政事权和支出标准及责任，积极推进公共服务社会化和市场化，支持各类社会主体和市场主体参与提供公共服务，形成政府、社会、公民共同参与的合作治理和互动治理新格局，将市场的力量、公民的力量、政府的力量凝聚成公共服务的供给合力，全面提高公共服务的供给能力。

### 5. 安全发展，提升服务稳定性

安全发展，就是真正把问题解决在萌芽之时。落实风险评估、监测预警、隐患排查等各项措施，提前预判风险，采取相应措施，不断提升危机感知能力，为群众提供包括公共卫生、公共安全等在内的全方位的安全保障，保证城乡基本公共服务政策体系、服务方式、服务流程等的稳定、持续及可得性。

## （二）推进城乡基本公共服务高质量普惠共享的建议

推动嘉兴城乡基本公共服务高质量普惠均衡发展，必须直面基本公共服务领域现存的突出问题，针对体制机制等诸多方面存在的发展障碍，积极全面践行以人民为中心的发展理念，深化供给侧结构性改革，构建覆盖城乡的全人群、全周期、全链条民生服务体系。

### 1. 加大城乡高质量基本公共服务供给

把握好城乡基本公共服务的每一个环节，不断创新工作方法和措施，将项目做实做细，全方位地提升城乡公共服务质量。一是推动卫生服务资源城乡区域分配均等化。发挥统筹城乡优势，深化医共体医联体建设，"大手牵小手"优化医疗资源利用，"留人加引人"提升基层队伍素质，"引领与引导"打造合理就医秩序，让全民共享更加优质、连续、高效、便捷的健康服务。二是扩大优质教育资源覆盖面，鼓励各级各类学校教学资源社会化和市场化，主动对接长三角优势教育资源，大力实施"名师到嘉"工程，瞄准教育现代化、对标教育国际化。三是加大嘉兴标志性公共文化设施建设，提升城乡公共文化服务现代化水平和对全市域及周边地区的文化综合辐射能力，进一步加大城市社区综合文化服务中心和镇村新型公共文化空间建设。四是实施积极就业政策，建立一主多元的就业服务供给模式，完善收入分配政策，在经济增长的同时实现居民收入同步增长，在劳动生产率提高的同时实现劳动报酬提高。五是加快实现各类社会保险标准统一、制度并轨，建成覆盖全社会的高标准多层次社会保障制度，充分发挥社保对保障人民生活、对调节社会收入分配的重要作用。六是智慧赋能高品质城乡基本公共服务。以更透彻的感知体验、更全面的互联互通、更深入的智能应用作为新时期公共服务的工作标准，整合和打通公共服务大数据，用智慧养老、智慧医疗、智慧就业、智慧健康、智慧社保等构筑起嘉兴智慧服务综合平台。

**2. 优化城乡基本公共服务空间配置**

从基本公共服务效益最大化和社会福利最大化角度出发完善基本公共服务资源配置机制，确定供给优先次序和优化公共资源空间布局。一是优化城乡基本公共服务资源空间布局。经历了快速城镇化的进程后，由于城镇扩张和村庄合并等一系列原因，自然村大幅度减少（谢正伟等，2014），部分乡村地区面临着农村人口流动和空间"收缩"的现实。应从过去单一的增量思维逐步转变为减量思维，兼顾公平和效率，避免浪费。注重对县（市）域城乡空间格局和乡村人口迁移变化趋势进行分析研判，合理确定乡村人口进城、入镇、留村的比例和分布特点，为城乡基本公共服务要素配置提供依据。在充分考虑嘉兴经济社会发展水平的基础上，对一定时期区域间、城乡间、群体间公共服务资源进行系统安排、设计、组合与布局，人口集聚型、人口稳定型、人口收缩型乡村制定差异化分区分类政策，形成多目标、多层次的基本公共服务设施配置体系，保障基本公共服务供给的公平性，满足人民群众的基本公共服务需求。二是建立城乡基本公共服务需求识别机制。充分尊重城镇居民和农民的话语权，了解其对公共服务的价值偏好、需求优先次序，完善各类需求表达机制，如公共服务决策调研、公示、线上平台等，依据人民群众最关心最直接最现实的利益问题确定基本公共服务供给的优先顺序，通过精准供给、有效供给，确保及时有效地满足人民群众的基本公共服务需要。

### 3.健全城乡基本公共服务标准体系

建立健全城乡基本公共服务标准体系，以标准化促进基本公共服务均等化、普惠化、便捷化，是新时代提高保障和改善民生水平、推进治理体系和治理能力现代化的必然要求。嘉兴目前已探索制定若干公共服务标准，并在浙江省内推广实施。今后，要在此基础上完善健全基本公共服务标准体系，保证公共服务改善的可持续性，并为未来公共服务水平的提升预留空间。一是明确城乡基本公共服务质量的综合标准。质量过程控制的严谨性与服务质量结果的可控性有赖于公共服务的技术质量标准，不仅需要明确公共服务质量保障的投入产出与生产过程标准，还需建立相应的城乡民众评价标准。推进供给体系与公众实际需求结合，制定和修订一批与人民群众生产生活密切相关的服务项目的供给标准。二是细化公共服务的分类质量标准。公共服务无论是政府直接供给还是公私合作生产，都应分类制定不同的公共服务质量标准，以确保不同的公共服务质量标准的细化、精准与可控。

坚持长期稳定与动态调整相结合的原则，在公共服务的供给上不仅给出具有差序性的标准化水准，更要体现出不同地区之间基本公共服务水平的赶超性。三是建立健全质量过程控制的公开透明监督机制。基本公共服务质量过程控制机制的内核是公共部门管理机制的"内向型"完善，而有效的质量过程控制有赖于向服务接受者公开质量供给流程、公共服务质量标准、质量责任部门以及考核结果。四是建立基本公共服务清单制。在落实国家清单"规定动作"的基础上，可增加嘉兴地方项目作为"自选动作"。清单应涵盖服务项目的名称、目标人群、具体内容及最低标准，明确支出责任，尽可能制定关于服务人员配比、财力投入保障、土地供应指标等的详尽规定。

**4.强化城乡基本公共服务人才基础**

人才是第一资源，也是影响城乡基本公共服务质量的重要因素，未来嘉兴应加强教育、医疗卫生、社保、养老服务、残疾人服务等基本公共服务领域的人才队伍建设。一是拓展人才引进渠道，壮大基层人才队伍。政府部门要进一步关注基层公共服务人力资源状况，对基层公共服务人才队伍建设等相关问题进行把脉、诊断、开方，并考虑将其纳入政府绩效考核。简化招聘程序，放宽岗位要求，对于部分紧缺人才，实施政策优惠，使其直接入编入岗。二是完善激励机制，提高基层人才队伍的稳定性与积极性。职称晋升向基层倾斜，可建立"双轨制"，单独设立基层职称序列，并根据基层工作的实际情况制定晋升标准。落实基层绩效考核体系。建议出台具体的绩效考核方案，细化到具体的考核目标、内容、方式等，并加强对基层绩效考核情况的监督，将政策真正落地。三是因专业制宜，加强基层公共服务人才队伍保障与职业认同。全面保障收入待遇，从职业身份入手解决养老保障难题，逐步将乡村基层公共服务人员纳入城镇职工医疗保险，使其走上职业化道路。四是加大人才培养力度，积极探索订单定向的培养模式。对定向工作服务期限，建议规定为至少 5 年（不含规培），并完善毁约赔付条款，以规避人才完成学业后"留不住""用不着"的现象，对投入使用的定向人才进行定期跟踪评估，及时发现问题、总结经验，并在后一批定向人才培养中反馈修正。

### 5.创新城乡基本公共服务供给模式

目前，嘉兴人均收入水平已超过世界银行划定的高收入经济体标准线。公共服务供给模式既要充分考虑需求状况及其变化动向，又要顺应内外部环境的客观变化趋势。一是政府在广泛征求意见和调查研究的基础上，科学合理制定一段时期内基本公共服务的总体规划，明确基本公共服务的数量标准和质量要求，研究制定基本公共服务市场供给的管理制度，保证基本公共服务多元供给机制的正常运行。二是鼓励企业和个人参与基本公共服务供给。推进政府购买与社会供给相结合，确定方案实施基本规则和流程设计，鼓励新业态与帮扶式监管相结合，优先选择符合未来发展方向、与公共服务联系密切、社会关注度较高、能够大规模推广应用的项目。三是充分发挥社会组织的基本公共服务功能。鼓励社会组织参与城区、社区、小区的管理和服务，组织参与、承办各类公益性社区社会保障、就业、卫生、科技、教育、文化、体育等服务工作及精神文明创建活动，以及承接评估、调查、培训、鉴定、调解、维稳等事务性工作。

# 第四章　城乡基础设施一体化

城乡基础设施一体化是推进城乡融合发展的重要内容。城乡基础设施一体化建设不但是城市和乡村共同发展的前提条件，也是提高居民生活质量、促进共同富裕的物质基础。在城乡基础设施的建设上，嘉兴市一直走在全国前列，各类基础设施服务不断改善，城乡基础设施一体化水平显著提升。在这个过程中，嘉兴市取得了许多丰硕的成果，积累了许多先进的经验，但也还存在着一些问题。未来，嘉兴市仍需要脚踏实地、不断创新，进一步提高基础设施建设水平，为全市全面实现城乡一体化奠定坚实基础。

## 一　推进城乡基础设施一体化的基础

### （一）基础设施的概念与一体化演进

基础设施是为社会生产和居民生活提供公共服务的物质工程设施，是社会正常运行和健康发展的物质条件。基础设施有着广泛的内涵。狭义的基础设施是指交通、水利、邮政、电力、通信网络、商业服务、园林绿化、环境保护等硬件基础设施。广义的还包括文化、教育、体育、农业科技推广、卫生事业等社会公共服务设施，一般也被称为社会基础设施。更为宽泛意义上的基础设施还应包括法律法规等，这些被统称为"软"基础设施。除此之外，还有基于高新科技、面向高质量发展需要的新型基础设施，主要包括5G基站建设、特高压、城际高速铁路和城市轨道交通、新能源汽车充电桩、大数据中心、人工智能、工业互联网七大领域。

进入21世纪以来，我国逐渐意识到城乡二元结构带来的社会问题，在不同时期提出了统筹城乡发展、城乡发展一体化和城乡融合发展等概念。这些概念既反映了中央政策的一脉相承，又充分体现了政府对城乡关系认识的不断深化（魏后凯，2020）。从某种程度上讲，统筹城乡发展是重要手段，城乡发展一体化是最终目标，城乡融合发展是一种状态和过程（魏后凯，2020）。推动城乡基础设施互联互通是城乡融合发展的一个最直接的措施，将为城乡一体化发展打下坚实基础。

推动城乡基础设施一体化建设，是通过将城市优质水电、交通、通信网络、文化教育、卫生事业等基础设施延伸到农村，实现城市与乡村公共服务享受的均衡化与平等化，是城乡融合发展体制机制创新的重要内容（盛广耀，2020）。推动城乡基础设施一体化建设能够产生长远的、持续的经济和社会效益。首先，城乡基础设施一体化能够改善与民生相关的公共服务，直接提高百姓的生活质量，推动共建共享，促进共同富裕。其次，城乡基础设施一体化能够降低经济活动的成本，提高现代农业生产效率，改进与非农产业之间以及农业内部的资源配置效率，进而带来更多高收入就业机会。最后，城乡基础设施一体化能够解决因基础设施供给不足而引致的"瓶颈"问题，增强城市综合承载能力，稳步推进新型城镇化和乡村振兴，形成以城带乡、以城促乡、城乡互动的城乡融合发展格局。

## （二）城乡基础设施一体化的政策内涵

近20年来，无论是"统筹城乡发展""城乡发展一体化"，还是"城乡融合发展"，党中央一直致力于缩小城乡差距、改善农民生活条件，其中加强和完善农村地区基础设施建设、促进城乡基础设施一体化是我国现阶段实现新型城镇化和乡村振兴建设的必要条件，也是我国长期努力的方向。对党中央关于城乡基础设施一体化的政策梳理可见图4-1。

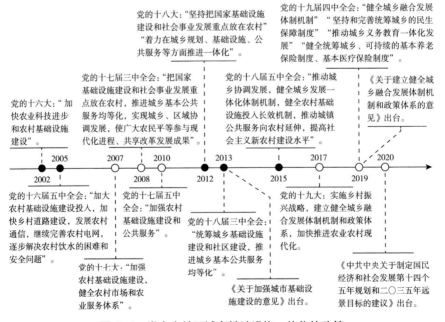

图4-1　党中央关于城乡基础设施一体化的政策

　　浙江省作为我国共同富裕的示范区，在城乡基础设施一体化的规划和建设上敢勇当先。嘉兴市作为浙江省统筹城乡综合配套改革试点城市，是全国所有地级市中第一个制订出台城乡一体化发展规划纲要，并明确指出要建设基础设施一体化的城市，统筹城乡发展水平连续多年居浙江省首位。浙江省关于城乡基础设施一体化的政策可见表4-1。

表4-1　浙江省关于城乡基础设施一体化的政策汇总

| 年份 | 政策和要点 |
| --- | --- |
| 2001 | 《浙江省国民经济和社会发展第十个五年计划纲要》 |
| | 进一步加强基础设施建设，提高基础设施现代化水平，更好地发挥综合效益和网络效益 |
| 2006 | 《浙江省国民经济和社会发展第十一个五年规划纲要》 |
| | 加强农业基础设施建设 |
| 2011 | 《浙江省统筹城乡发展推进城乡一体化纲要》 |
| | 通信、交通、邮政、供水等基础设施加快向农村延伸 |
| 2011 | 《浙江省国民经济和社会发展第十二个五年规划纲要》 |
| | 统筹城乡空间布局、基础设施、资源配置及综合配套改革，加快推进乡一体化发展 |
| 2016 | 《浙江省人民政府办公厅关于加快电动汽车充电基础设施建设的实施意见》 |
| | 《浙江省基础设施投资（含PPP）基金管理办法》 |
| | 《浙江省国民经济和社会发展第十三个五年规划纲要》 |
| | 城乡之间、区域之间居民收入水平、基础设施通达水平、基本公共服务均等化水平等方面差距进一步缩小 |
| 2017 | 《浙江省传统基础设施领域实施政府和社会资本合作实施细则（试行）》 |
| 2019 | 《浙江省政府办公厅关于进一步加大基础设施领域补短板力度的实施意见》 |
| | 《浙江省乡村振兴战略规划（2018~2022年）》 |
| | 推动城乡基础设施互联互通、城乡公共服务共建共享 |
| 2020 | 《浙江省推进长江三角洲区域一体化发展行动方案》 |
| | 大力推进城乡基础设施和公共服务体系建设，推动城乡要素市场一体化发展 |
| | 《浙江省推进高水平交通强省基础设施建设三年行动计划（2020~2022年）》 |
| 2021 | 《浙江省水运基础设施建设项目资金补助办法》 |
| | 《浙江省数字基础设施发展"十四五"规划》 |
| | 《浙江省乡村振兴促进条例》 |
| | 加快农村交通、电力、水利等传统基础设施的数字化改造 |
| | 城郊接合地区和其他有条件地区的公共基础设施，应当按照城市市政设施标准建设，与城市市政设施互联互通 |
| | 组织落实乡村公共基础设施管理维护责任 |

| 年份 | 政策及要点 |
|---|---|
| 2021 | 《浙江省国民经济和社会发展第十四个五年规划和二〇三五年远景目标纲要》以整体优化协同融合为导向，统筹存量和增量、传统和新型基础设施发展，坚持战略性、引领性、网络型、数字化，建设集约高效、经济适用、智能绿色、安全可靠的现代化基础设施体系 |

注：根据政府官网整理。

  2004 年，嘉兴市以一号文件形式印发了《嘉兴市城乡一体化发展规划纲要》，其中基础设施作为"六个一体化"之一出现在纲要里，并要求"把交通一体化作为推进城乡一体化的突破口""按照城市服务设施的标准，建设与农村居民日常生活密切相关的公用服务设施"。2008 年，嘉兴市将规划纲要具体化，再次以一号文件形式，印发了《嘉兴市打造城乡一体化先行地行动纲领（2008~2012 年）》及《嘉兴市建立城乡一体基础设施推进体系实施方案》，文件要求"坚持高标准，立足长远，统筹规划，突出重点，加快城乡基础设施建设。到 2012 年……基本形成城乡一体的基础设施网络体系"。2011年，嘉兴市发布《嘉兴市国民经济和社会发展第十二个五年规划纲要》，要求"着力推动城市基础设施向农村延伸、城市社会事业向农村覆盖、城市功能向农村辐射"。2016 年，《嘉兴市国民经济和社会发展第十三个五年规划纲要》出台，明确指出"城乡基础设施进一步完善，全市发展空间格局进一步优化"。2019 年，嘉兴市委、市政府制定印发《嘉兴市乡村振兴战略实施规划（2019~2022 年）》，提出要"牢固树立绿水青山就是金山银山理念，推进城乡生态环境和基础设施一体化"。2019 年 12 月，嘉兴市与湖州市以嘉湖片区整体入选国家城乡融合发展试验区名单，试验范围为嘉兴市和湖州市全域。2021 年，嘉兴市出台《嘉兴市推进国家城乡融合发展试验区建设工

作方案》，提出"构筑城乡均衡的健康医疗服务体系、建立城乡一体
的教育资源配置机制、完善城乡统一的社会保障制度、加快城乡基础
设施一体化建设"。同年，嘉兴市还发布了《嘉兴市国民经济和社会
发展第十四个五年规划和二〇三五年远景目标纲要》，要求"强化城
乡一体化规划设计，科学安排农田保护、生态涵养、城镇建设、村
落分布等空间布局，统筹推进产业发展和基础设施、公共服务等建
设""加快推动乡村基础设施提档升级，实现城乡基础设施统一规划、
统一建设、统一管护"。

此外，嘉兴市还曾出台包括《嘉兴市人民政府关于进一步推进城
乡教育一体化发展的若干意见》《嘉兴市城乡供水水源规划》《嘉兴市
城乡产业发展一体化专题规划》《关于稳步推进城乡交通运输一体化
提升公共服务水平的指导意见》等一系列针对不同基础设施城乡一体
化建设的意见和规划。嘉兴市的相关政策发展情况见图4-2。

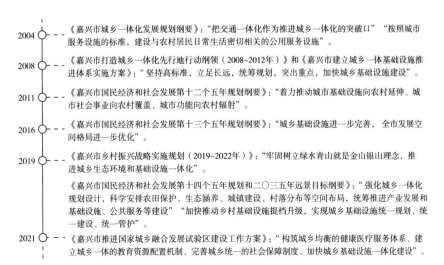

**图4-2　嘉兴市关于城乡基础设施一体化的政策**

正如习近平总书记所说，"嘉兴完全有条件成为全省乃至全国统筹城乡发展的典范"，嘉兴市一直以来坚持锐意进取、敢为人先的思想，不断改革，勇于创新，较早地出台了多项政策和举措推进城乡一体化发展，尤其注重城乡基础设施一体化建设，其发展理念不但扎根于时代，更走在了时代前沿。

# 二　推进城乡基础设施一体化的主要成效

城乡基础设施一体化是新时代的特征和要求，也是新发展阶段推进城乡一体化的基础保障。城乡基础设施一体化不能简单地理解为城市与农村的基础设施完全相同，而是根据城市与农村的不同特点，实现公共服务的统一和基础设施的延伸与互补。经过近20年的城乡基础设施建设，嘉兴市在一些基础设施的建设上取得了显著成效，包括实现新农村电气化镇村全覆盖，率先成为全国新农村电气化地级市；实现供水工程覆盖人口比例100%，城乡供水"同网、同质、同价、同管理"；实现广播、有线电视、宽带网络所有行政村全覆盖，农村4G通信网络和光纤同样全覆盖等。此外，嘉兴市还在城乡交通、社会服务和新型基础设施等方面取得了丰硕成果。

## （一）城乡交通基础设施一体化

### 1.公路密度不断增加

交通基础设施建设是城乡一体化建设最重要的一环。为此，嘉兴市积极推进城乡交通基础设施建设，全力推动综合交通运输发展。目前，嘉兴市高效便捷、内连外接的交通基础设施体系基本成型，城乡公路密度不断增加。如图 4-3 所示，2008 年是嘉兴市公路密度的转折点，大量农村四级公路被建造，公路密度远高于浙江省平均水平，并持续至今。这一趋势同样反映在嘉兴市下辖各县（市、区）内，图 4-4 显示，嘉兴各县（市、区）公路里程在 2005~2010 年发生显著变化，增幅巨大，2010 年之后变化则相对平稳。

截至 2021 年，嘉兴市公路总里程 8215.4 公里，公路密度 209.84 公里 / 百平方公里。图 4-5 显示，在 2020 年[1]，嘉兴市公路密度居浙江省内第一位，远远高于浙江省和全国平均水平，在长三角主要城市中居第三位，仅次于江苏省南通市和上海市。嘉兴市农村公路总里程 7554.61 公里，公路密度达 190 公里 / 百平方公里，同样居浙江省内第一位。

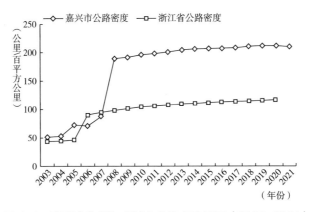

**图 4-3　嘉兴市和浙江省城市公路密度情况（2003~2021）**

注：公路密度 = 公路里程 / 面积。

数据来源：《嘉兴统计年鉴》。

---

[1]　2021 年缺乏同期其他省市公路里程数据，暂不可比。

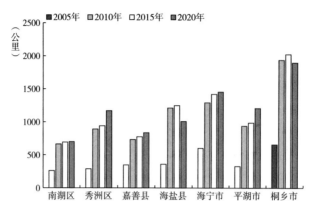

图 4-4　嘉兴市各县（市、区）公路里程变化（2005~2020）

数据来源：历年《嘉兴统计年鉴》。

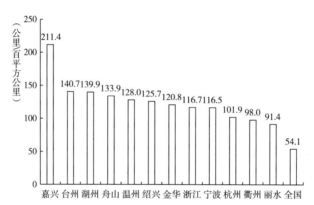

图 4-5　全国、浙江和浙江各地级市公路密度情况（2020）

数据来源：《浙江统计年鉴 2021》《嘉兴统计年鉴 2021》。

## 2. 道路品质有效提升

随着经济发展水平的提高和汽车保有量的增加，城乡居民对道路品质的要求逐渐提高。从表 4-2 可知，2008 年之后，嘉兴市的公路总里程增加相对平缓，农村道路品质却持续不断提升，呈现两个重要变化。一是嘉兴市高等级公路里程在 2008 年之后持续快速增加。其中，最主要的是存在于郊区范围内的县道、乡道、村道或街道中的四级公路，已由 2003 年的 514 公里增加到 2020 年的 4407 公里，占比从原来的 22% 上涨到 2020 年的 53%。高速、一级、二级和三级公路里程占比大体不变。二是近年来嘉兴市低等级公路里程加速减少。自 2013 年起，嘉兴市准四级公路里程开始下降，2018 年起进度明显加快，三年减少了 1177 公里，至 2020 年仅剩 66 公里。等级外公路则从 2017 年起已完全消失。从两个变化可以清晰看出，近些年嘉兴市在增加道路里程的同时，主要方向是将农村低等级公路进行提升，从而提高道路品质。

表4-2　2003~2020年嘉兴市不同等级公路里程

单位：公里

| 年份 | 高速公路 | 一级公路 | 二级公路 | 三级公路 | 四级公路 | 准四级公路 | 合计 |
|------|------|------|------|------|------|------|------|
| 2003 | 150 | 291 | 258 | 661 | 514 | 514 | 2388 |
| 2004 | 150 | 321 | 278 | 724 | 529 | 530 | 2532 |
| 2005 | 150 | 397 | 300 | 752 | 1181 | 1181 | 3961 |
| 2006 | 150 | 478 | 321 | 743 | 1080 | 108 | 2880 |
| 2007 | 233 | 588 | 383 | 789 | 1426 | 1232 | 4651 |
| 2008 | 336 | 594 | 496 | 925 | 4361 | — | 6712 |
| 2009 | 350 | 608 | 513 | 935 | 4578 | — | 6984 |
| 2010 | 349 | 645 | 532 | 1038 | 3360 | 1432 | 7356 |
| 2011 | 348 | 676 | 555 | 1045 | 3773 | 1182 | 7579 |
| 2012 | 348 | 702 | 581 | 1089 | 3691 | 1319 | 7730 |
| 2013 | 391 | 737 | 601 | 1117 | 3761 | 1260 | 7867 |
| 2014 | 393 | 758 | 637 | 1165 | 3754 | 1232 | 7939 |
| 2015 | 393 | 773 | 664 | 1214 | 3753 | 1244 | 8041 |
| 2016 | 393 | 791 | 689 | 1201 | 3758 | 1265 | 8097 |
| 2017 | 393 | 806 | 690 | 1223 | 3786 | 1243 | 8141 |
| 2018 | 393 | 834 | 718 | 1466 | 4189 | 641 | 8241 |
| 2019 | 419 | 847 | 779 | 1568 | 4420 | 255 | 8288 |
| 2020 | 419 | 885 | 795 | 1705 | 4407 | 66 | 8277 |

数据来源：历年《嘉兴统计年鉴》。

此外，嘉兴市对市内道路进行了大量修复，包括打通跨区域农村公路断头路、瓶颈路；持续改造急弯陡坡、临水高路堤、穿村镇、事故多发等路段危桥；增加路口设置和交通标志等，使道路安全得到良好保障。2020年，嘉兴市共实施桥梁改造202座、安全生命防护工程240公里。目前，嘉兴市内88%的县道、56%的乡道及30%的村道已实现亮化照明，农村公路指路体系也已实现全面覆盖。

### 3.精品路线有序铺筑

在提升道路品质的基础上，嘉兴市持续不断构筑精品路线。从2017年浙江省提出要建"万里美丽经济交通走廊"开始，到2020年底，嘉兴市共完成美丽经济交通走廊建设2246公里，其中美丽公路1857公里（精品示范线480公里），美丽航道389公里（精品示范线98公里），推进景区村庄、特色小镇、科创园区、省级产业集聚区等重要节点的农村公路改造提升，累计创建"四好农村路"国家级示范县1个、省级4个，市级示范镇（街道）26个，与美丽乡村、精品旅游有机融合，全面联通融合了人文、自然资源。其中，嘉兴市南湖区打了54公里的红色精品线，嘉善县打造了16.11公里的"桃源渔歌风景线"等。此外，嘉兴市利用公路场站、加油站、农家乐等资源，建成了竹林村、雪水港等60个惠民利民、传递关爱的公路驿站，推出"一路一品"，打造"最美骑行线路"翁金线、"水乡寻梦承学路"横港线、"最美农村路"油黎公路等一批特色线路，不断优化出行体验。

### 4.公交服务全面优化

城乡公交一体化服务一直是嘉兴城乡交通基础设施建设的亮点。近几年，嘉兴市先后发布《镇村公交场、站设置规范》等29个公交行业市级地方标准，新增或更新农村客车365辆、建成农村港湾式停靠站279个。嘉兴市公交化运营车辆和座位数持续上升。图4-6

显示，2014 年公交化运营车辆为 2593 辆，2021 年达到 3193 辆；座位数也由 2014 年的 12.81 万个增加到 2021 年的 16.88 万个，公交通村率达到 100%，城乡公交移动支付已实现全覆盖，城乡公交乘客满意率提升至 88.89%。2019~2021 年，嘉兴市共完成城乡公交班次 278.95 万班，营运里程 6044.43 万公里。除了城乡公交路线之外，嘉兴市还开展了毗邻地区客运一体化改造，开通涉沪省际毗邻公交线路 10 条、涉苏省际毗邻公交线路 3 条，每年为嘉兴与江苏、上海两地提供近 100 万人次的毗邻公交服务。

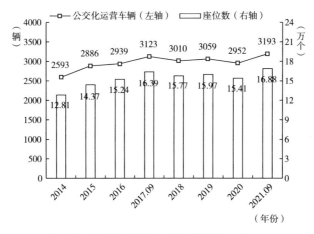

图 4-6　嘉兴市公交化运营车辆和座位数情况（2014~2021）

数据来源：嘉兴市交通局官网。

## （二）社会服务基础设施一体化

### 1. 农村养老推进创新

嘉兴市居家养老基础设施已实现城乡全覆盖。一是村（社区）养老服务机构全覆盖。2016 年，嘉兴市提出全力打造"20 分钟养老服务圈"的目标，目前已全部实现。二是社区居家养老服务照料中心全覆盖。截至 2020 年，嘉兴市累计建成 1044 家社区居家养老服务照料中心，其中农村地区 737 家，在全省率先实现城乡基本全覆盖。此外，嘉兴市还建成了兼具日间照料与全托服务功能的镇（街道）示范型居家养老服务中心 42 家和农村敬老院 64 家，床位总计 15530 张。

随着嘉兴市以政府购买服务的方式实现市、县两级智慧养老信息平台实体化运行之后，全市智慧养老服务框架已初步形成，"20 分钟养老服务圈"的半径进一步缩短。在积极培育智慧养老服务组织上，嘉兴市支持企业和机构运用互联网、物联网等技术手段参与建设养老服务信息系统，涌现出"统捷""嘉科""椿熙堂""皓月朝阳"等本土智慧养老服务组织，其中"椿熙堂"获评国家"第二批智慧健康养老示范企业"。

**2. 公共卫生服务惠及城乡**

目前，嘉兴市城乡居民"20 分钟医疗卫生服务圈"可及性已达到 100%，镇卫生院、村卫生室一体化管理率达到 100%，村卫生室标准化建设率达到 100%，基层就诊率达到 72.11%，基本公共卫生绩效评价排名全省第一。如图 4-7 所示，嘉兴市医疗卫生机构数和卫生技术人员数持续增加，卫生机构由 2007 年的 1445 个增加到 2021 年的 1788 个，各类卫生技术人员则由 2007 年的 16635 人增加到 44278 人。截至 2020 年，嘉兴市成功创建甲等乡镇卫生院 32 家、全国群众满意乡镇卫生院 35 家、全国百强和优质服务示范社区卫生服务中心 4 家，建立县域医共体 13 个。此外，嘉兴市积极探索与周边省市医疗资源互通共享。2020 年，沪嘉、杭嘉居民异地就医刷卡直接结算分别达 29.4 万人次、49.9 万人次，结算金额分别达 5.7 亿元、1.5 亿元，160 家定点医疗机构全部开通长三角跨省异地就医门诊医疗费用直接结算；累计与 62 家长三角地区知名医疗卫生机构建立合作关系，共建 223 个医疗卫生合作项目。

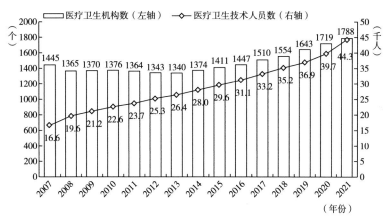

**图 4-7　嘉兴市医疗卫生机构和医疗卫生技术人员数量（2007~2021）**

注：医疗卫生机构是指从卫生健康行政部门取得《医疗机构执业许可证》，或从民政、工商行政、机构编制管理部门取得法人单位登记证书，为社会提供医疗保健、疾病控制、卫生监督服务或从事医学在职培训等工作的单位。医疗卫生机构包括医院、基层医疗卫生机构、专业公共卫生机构、其他医疗卫生机构。

数据来源：历年《嘉兴统计年鉴》和《嘉兴市国民经济和社会发展统计公报》。

### 3. 基层服务网络不断完善

嘉兴市目前已实现三个基层服务网络全覆盖。首先，嘉兴市党群服务中心已实现行政村全覆盖，村级组织活动场所规范建成率达到 100%。其次，嘉兴市政务服务平台已实现镇街全覆盖，全市 72 个镇街均已建立政务服务机构或政务服务中心，76.92% 的民生事项在镇街可办。最后，嘉兴市农村区域视频监控实现"最后一米"全覆盖。截至 2020 年 10 月，人像识别系统已推广至全市 240 个基层窗口和全市 1159 名基层民警，累计为民警提供人脸识别服务 76408 次，农村社会治安风险得到有效控制。

嘉兴市还打通了政务服务向农村基层延伸的"最后一公里"问题，创新地将社保、税务、公安等 40 多项代办业务引入在乡镇布点较多的银行业金融机构营业网点，使农村金融环境更加完善便捷。并且嘉兴市实现了基层重点应急物资储备落地落实，全市村（社区）应急发电机、排水泵和 309 个易灾多灾镇（街道）、村（社区）卫星电话配备全部到位。

## （三）新型基础设施一体化

### 1. 人工智能多处落地

人工智能是引领新一轮科技革命和产业变革的战略性技术。嘉兴市积极贯彻落实省促进新一代人工智能发展行动计划，推动人工智能产业高速高质量发展。

嘉兴市农业智能化数字化水平不断提升。2019~2020 年，嘉兴市创建省级农业"机器换人"示范县 2 个，示范镇（园区）8 个、示范基地 36 个，设施农业面积约 33 万亩，农机总动力达 117 万千瓦，水稻耕种收综合机械化水平达到 86% 以上；先后完成 217 个种养基地数字化改造，农渔业面积的五成以上、牧业总量的近九成已有物联网应用，其中桐乡市农业物联网示范应用与管理平台建设项目获评全国创新项目；推进农业应急指挥系统与智慧农业云平台建设，建成 1 个市级、6 个县级农业农村应急指挥中心并投入运行，建成"益农信息社"857 家并实现行政村全覆盖。平湖市成为省"互联网＋"农产品出村进城工程试点县，并成功入选全省数字乡村试点示范县。桐乡市、平湖市、海盐县获评全国县域数字农业农村发展水平评价先进县。

实现社区智能化管理是嘉兴市基础设施建设的一项重点任务。目前，嘉兴市已有数十个小区接入了智慧社区（物业）一体化系统平台。小区内的高压水泵、消防栓、配电箱、燃气等都安装了感知设备，一旦运行异常可以及时预警。小区设置了智能垃圾箱，记录垃圾投放人员、次数、重量、分类等数据，进行积分查询和兑换，对乱扔垃圾的居民，平台推送给当事人和工作人员。此外，智慧社区（物业）一体化系统平台还可以提供预约洗车、远程选菜等50多项智慧服务。在嘉兴市桂苑小区里，开设了首家5G社区云诊室，居民在家门口就能远程开药。

在工业领域，嘉兴市已开始启用省时省料提速的"智慧小库"。2020年以来，国家电网嘉兴供电公司对立体式货架、转运设备、物料定位方式等进行数字化改造和更新，推动建设现代智慧供应链下的智慧仓储体系，全面革新了物资作业模式，提升了库存物资的有效利用率。"智慧小库"能够根据电力抢修工作所需的线缆、电缆附件等物料的实际数量，通过线缆自动分割装置等精准分拣至出库区，提高备料与实际用量的匹配度，压缩抢修备料时长。电力抢修人员完成现场勘查后，通过手机客户端远程申请抢修物料，指令智慧仓储自动备料出库，最后扫码验证完成领料，可节省约70%的物料获取时间，抢修速度提升40%。"智慧小库"使得原先需要4~5人一起作业的备货工作，现在只需要1名工作人员在后台操控即可完成，节约了大量人力资源。

## 2. 5G基站快速建成

在互联网基础设施的建设和应用上，嘉兴市始终大步向前。嘉兴市是亚洲第一个数字移动电话通信网GSM的城市，同时也是浙江省率先实现全地区开通GPRS的城市，更是全国首批5G正式商用城市之一。嘉兴是世界互联网大会永久举办地，2017 年的第四届世界互联网大会上，嘉兴市成功借助 5G 低时延、高速率的优势，向全世界展示了中国的 5G 技术在智能制造、高清全景直播等方面的应用效果。2018 年，嘉兴市建成了全球第一条采用 4.9G 频段的 5G 精品环行线路，全线长 3.5 公里，通过 12 个 5G 站点进行连续覆盖，实测下行平均下载速率 1.7 千兆比特 / 秒，峰值达到 2.7 千兆比特 / 秒，上行平均上传速率 200 兆比特 / 秒，峰值达 320 兆比特 / 秒，并在第五届世界互联网大会上进行展示。2019 年，嘉兴市顺利在第六届世界互联网大会前完成 800 个站点的预商用建设任务，打造了全国首张宏、微、室分立体覆盖的 5G 商用网络，圆满完成了第六届世界互联网大会、嘉兴首届国际马拉松大赛、海宁观潮节等重要活动的 5G 网络保障。

目前，嘉兴全市移动通信网络已全面进入 5G 时代。截至 2020 年 5 月，嘉兴市已完成 2000 个 5G 站点建设，实现嘉兴二环以内和县市城区规模覆盖，5G 下行速率综合提升 50 兆比特 / 秒以上，最大下行速率突破 1.1 千兆比特 / 秒，并在全国率先完成 NSA 架构下 5G 高铁 20 个站点连续覆盖，为后续全线覆盖积累了工程建设和优化实施经验。

### 3. 新能源充电桩全部涵盖

新能源汽车充电桩建设是嘉兴市以智慧交通、智慧能源为代表的新型基础设施建设的重要内容之一。2019 年第六届世界互联网大会前夕，嘉兴市乌镇镇率先建成 5G 无人驾驶电动公交车"无感支付"充电站，创新"5G+ 电力"在充电基础设施建设场景中的应用，率先建成两个 60 千瓦的 5G 公交专用充电桩，可满足 4 辆公交车同时充电。通过电动公交车 ID 自动识别，实现"即插即充、即拔即走"。目前，嘉兴市已实现新能源汽车充电桩全市覆盖，国家电网嘉兴供电公司牵头建成充电站 180 座、充电桩 1326 个，涵盖公交、出租、网约车等专用车领域，以及居民小区私家车充电服务试点领域，新能源汽车便捷充电体验全面提升，清洁高效绿色的城市交通网初步建成。

## 三　推进城乡基础设施一体化的典型模式

嘉兴市从自身实际和特点入手，积极探索适应本地城乡基础设施一体化的发展思路，寻求最有效地推进城乡基础设施一体化建设的方式方法，在试点和实践中创造出了许多各具特色的嘉兴发展模式。

### （一）嘉兴图书馆中心馆—总分馆模式

一直以来，嘉兴市持续加强公共文化服务惠民力度，打造城乡文化基础设施一体化，形成了以"政府主导、统筹规划，多级投入、集中管理，资源共享、服务创新"为基本特点的"嘉兴图书馆中心馆—总分馆模式"。总分馆是指以嘉兴图书馆为总馆、嘉兴市下辖区各图书馆为分馆，人、财、物均由总馆集中管理，由总馆统一采购、编目和配送文献资源，各分馆业务也在总馆管理下开展。总分馆之间实行一卡通行，持有一个图书卡即可实现统一流通、统一检索、通借通还等基本服务。总分馆还共享统一的业务系统和服务平台，实行统一标识，统一开放时间和服务标准。随后，嘉兴市图书馆和嘉兴市下辖的五县（市）公共图书馆及其分馆共同组成"中心馆—总分馆"服务体系，通过"一卡通"实现了整个服务体系内资源的共建共享和通借通还。

"嘉兴图书馆中心馆—总分馆模式"为全国首创，以覆盖城乡的公共图书馆服务设施网络为基础，以全面共享的数字资源服务平台作支撑，使城乡一体化的公共文化服务从梦想变为现实。"嘉兴图书馆中心馆—总分馆模式"的成功有诸多值得借鉴的地方。首先，该模式得到了嘉兴市委、市政府的高度重视，并在其主导下推进。2008年，嘉兴市颁布了《关于构建城乡一体化公共图书馆服务体系的实施意见》，对图书馆总分馆制度进行了具体谋划和政策指导，此后又出台了多项政策，为该模式的建设提供了强有力的政策保障。其次，该模式采用"多级投入，集中管理"的运行机制。其中，"多级投入"是指分馆建设和运营是由市、区、镇三级投入，打破了图书馆建设"财政分灶"的困局；"集中管理"是指分馆的建设和运行，资源的更新与配送等都由总馆负责管理，使得总分馆高度协调，也避免了资源的浪费。最后，该模式在全市范围内实现了城乡文化基础设施的普遍均等、高度共享，方便了读者借取图书、享受文化资源，受到了嘉兴人民的热烈欢迎。

## （二）嘉兴城乡公交一体化模式

经过多年的建设和发展，嘉兴市形成了城乡公交布局完善、结构合理、智慧高效、绿色安全、畅通有序的城乡公交体系，其发展模式被称为"嘉兴城乡公交一体化模式"。该模式的形成历经2次改革（见图4-8）。2003年，嘉兴市首次改革城乡客运管理模式，通过体制、观念、政策、运行机制四个方面的创新，彻底打破城市公交与农村客运二元分割局面，构建中心城市—副中心城市—中心镇—行政村四级公共交通格局。2021年，嘉兴市实行第二次城乡公交一体化改革，全面升级城乡公交一体化，重视城乡居民公交服务的均等化和人性化，提出了"三网融合""一码通行""四个统一""五个规范"四大总体目标。目前，嘉兴市已完成城际、城乡、市区公交网融合，公交运营品牌化、标准化、均等化，各县（市、区）城际公交快线已全覆盖，城际、城市、城乡公交票价全部采用"两元一票制"，并执行刷卡优惠和统一的特殊人群乘坐公交优惠政策，较大幅度降低城乡居民出行成本，极大地促进了城乡人员交流，激发了市场活力，成为全省首个实现全市域公交一体化的地级市。

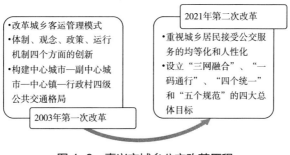

图4-8 嘉兴市城乡公交改革历程

嘉兴市城乡公交一体化的实现主要有4个方面的经验：一是理顺了管理体制。嘉兴市将城市公交和城乡公交作为一个整体进行规划，在浙江省率先改革城乡客运管理模式，由市交通部门统一负责城乡公交一体化工作及行业管理，实现了公交的管理体制、发展规划、资源配置、运价标准、税费政策、服务标准的六个统一，使得城乡之间得到有效衔接。二是实行集约化经营。嘉兴市将小企业清退出农村客运市场，把农村班车改造成城乡公交；对市本级所有挂靠车辆整体收购，实现了城乡公交集约化、规模化经营。三是实现资源共享。城乡公交一体化前，城乡公交无法使用城市公交的场站、枢纽等基础设施，嘉兴市按照"衔接为主、并轨为辅、合理配置、方便换乘"的原则，共享始发枢纽站场、公交专用道、沿途停靠站等公共基础设施资源，实现"零距离"换乘。四是注重品质提升。嘉兴市加快农村交通基础设施建设，提升路面质量，完善路口设置和交通标志，使城乡公交更加安全通畅。

## （三）海盐公共服务均等化模式

嘉兴市海盐县是浙江省基本公共服务均等化唯一改革试点县，并成为农村公共服务全国样本，形成了独有的"海盐公共服务均等化模式"。近年来，海盐县通过均衡城乡教育发展、实现基本公共服务全覆盖、延伸基础设施等举措，让农民在家门口就可享受和城里人一样的高品质生活。同时，养老、医疗制度也实现了城乡全覆盖，困难救助、慈善补助等也实现了城乡一体化发展，相应的补助标准每年都有一定程度的提高，农民与市民享受的待遇正逐步实现均等化。在教育上，海盐县大力推进城乡教育均衡优质发展，队伍建设不断优化，优质教育资源覆盖更广，教育质量稳步提高，教育教学走在嘉兴市乃至浙江省前列。在医疗服务上，海盐县以保障人人享有基本医疗卫生服务为目标，以建设标准化、服务规范化、改革纵深化、资源均衡化为抓手，着力缩小城乡之间、群体之间的基本公共卫生服务差距。在文化上，海盐县不断完善公共文化基层流动式服务机制，让基层群众享受与县城居民相同的文化服务。

"海盐公共服务均等化模式"有很多值得推广的地方。首先，海盐县坚持保障农民权益是首要任务，从农村土地入手，提高农民财产性收入，让农村集体土地与城市国有建设用地一样享有出让、租赁和入股的权利。在获得工资性收入的渠道上，海盐县提供城乡无差异、身份无差异的同等就业服务和培训服务，提升农民技能，使农民的生产方式发生转变，从依赖农业转向以工业、服务业为主导。其次，海盐县引导资源要素向基层和农村倾斜。近几年，海盐县加大对基本公共服务领域的财政投入，地方财政用于基本公共服务领域的投入，在改革之后一直保持每年19%左右的增长。海盐县还注重发挥市场和社会组织的专业化优势，鼓励支持社会机构承接政府职能转移。最后，海盐县对改革过程中的指标体系进行了量化，使得任何改革都有数据可以衡量。海盐县明确了11个方面38项改革任务，推出35个重点项目和70项量化考核指标，探索出一条公平均等、多元高效的改革新路。

# 四　推进城乡基础设施一体化的先进经验

多年的城乡基础设施一体化建设和发展，使嘉兴市在许多方面取得了实质性的突破和进展，并创造出了多种符合自身条件的特色发展模式。为了让嘉兴市的发展路径能够被更多地区学习，需要在全局层面上，对嘉兴市在城乡基础设施一体化建设过程中积累的先进经验进行完整的总结和梳理，使其更具有借鉴价值。

## （一）坚持执政为民，保障人民利益

坚持党的领导，是党和国家的根本所在。嘉兴市委、市政府始终坚持党的领导，贯彻落实习近平总书记的重要指示精神，坚定不移沿着习近平总书记指引的方向，有效落实省委"八八战略"和《嘉兴市城乡一体化发展规划纲要》，把城乡基础设施一体化建设放在城乡统筹发展的突出位置，推进构建城乡基础设施体系，聚力配套城乡基础设施服务，加快补齐城乡基础设施短板，持续提升基础设施规划建设管理水平。

坚持以人为本的核心发展理念，就是让人民共享发展福祉。农村是城乡关系中的弱势一方，农民是城乡二元结构中长期处于弱势地位的最大群体。因此，农民权益是否得到保障，农民能否从发展中获益，是城乡基础设施一体化建设的首要出发点。在城乡基础设施一体化建设之初，嘉兴市农村的基础设施大而散，发展极不平衡，城乡之间的基础设施差距极大。嘉兴市委、市政府始终坚持以人为本推进城乡基础设施一体化建设，强调农村和农民利益，把城乡基础设施建设一体化工作纳入重要议事日程，纳入当地国民经济和社会发展总体规划和年度投资计划，切实加强领导，统揽全局进行宏观调控。根据市域内的农村分布和农民的切实需要，分阶段规划推进农村基础设施建设，推进包括供水、供电、污水治理等狭义基础设施，既保障了农民基本生活设施与城镇居民的平等，又适应嘉兴的经济发展状况与社会需求。随后嘉兴市从医疗、教育、文化等广义基础设施方面进行完善，不断提高基础设施建设水平。这种分阶段建设的方式，将农村最迫切需要的基础设施优先建设，补齐了城乡基础设施建设的短板，为后续补充加强建设提供更好的基础。

## （二）创新工作机制，提升建设效率

党的十六大提出统筹城乡经济社会发展以来，嘉兴市始终把城乡基础设施建设作为统筹城乡一体化发展的基础性工作，以一号文件的方式，连续多年提出推进城乡一体化进程的重大任务、主要目标和要求，将城乡基础设施一体化建设作为重点工作囊括其中。面对艰巨的城乡基础设施一体化建设任务，嘉兴市遵循基础设施建设和发展的客观规律，把创新工作机制摆在突出位置，形成了党委统一领导、政府主导、部门协同、市县联动的工作推进机制。

具体而言，嘉兴市专门成立了城乡一体化工作领导小组，实行书记、市长双组长制，分管副书记和副市长担任副组长，市级有关部门主要负责人以及各县（市、区）分管领导为成员，在市级层面抓好城乡基础设施一体化的总体设计，同时给予各部门、各县（市、区）一定的自主权，由各部门、各县（市、区）出台具体的基础设施建设政策并落实专门人员和工作经费，制定工作计划，采取行之有效的工作措施，确保各项工作落实到具体的人群、村社以及项目规划建设之中。两个主体加强联系，定期召开例会，协调解决建设中的相关问题。此外，嘉兴市把推进城乡基础设施一体化建设的成效作为检验各级党委、政府及各个部门工作的重要内容，统筹城乡重点工作列入县（市、区）年度目标责任制和市级部门年度考评，每年单独专项考评，纳入综合考评指标体系，形成常规化工作推进机制。

## （三）加快交通基建，攻克建设难点

在实施城乡基础设施一体化的具体建设上，嘉兴市把加快建设城乡交通基础设施作为推进城乡一体化的突破口。一直以来，农村道路落后是阻碍中国城乡一体化发展的重要因素。改善农村道路条件、加强城乡交通连接，不仅能够方便农村百姓的出行，还能使城乡之间生产要素流动，物质、文化、经济交流加快，消除制约农村发展的交通瓶颈，更能让城乡居民享受更加平等、更加快捷、更加通达、更加智能的交通服务，真正实现城乡统筹发展。

嘉兴市从城乡一体化发展的高度出发，坚持"创新、协调、绿色、开放、共享"的发展理念，以实现基本公共服务均等化为目标，对城市和乡村的路网、站场、线路、运输、市场、管理等交通运输要素统筹考虑、统一规划、整体布局、一体化建设和管理，打破原有的交通行政等级的划分制约，把城市和农村经济社会发展对交通运输的需求作为一个整体，实现城乡道路一体化建设、城乡公交一体化发展、物流体系一体化运行的发展局面，实现城乡交通全畅达，全市形成内外衔接、城乡互通、方便快捷的交通网络。

## （四）紧扣建设特点，因时因地制宜

通过深入调研，嘉兴市针对市域内城乡发展的不同趋势和基础设施建设的不同特点，进一步理顺基础设施建设、运行、管理体系，建立、完善相应的工作推进体系，确保基础设施建设、发展的顺利推进。一是重点制定公交、给水、垃圾处理、污水处理、天然气等发展的专项规划，完善扶持发展政策；二是建立、健全相应的应急机制，及时处理各种突发事件，确保工作推进的可靠性和安全性。

此外，嘉兴市根据市域内不同地区的条件，首先重点发展县城和基础条件好、发展潜力大的重点镇，优化村镇布局，保持乡村风貌，促进城乡基本公共服务均等化。其次，嘉兴市加强城中村和城乡接合部地区的规划建设管理，统筹考虑城镇基础设施、公共服务设施的建设来为周边农村提供服务。最后，嘉兴市加强与周边城市协调联动，推进区域基础设施互联互通、共建共享，共同推动城乡一体化建设。

## （五）加大资金投入，发挥合作优势

推进城乡融合发展、缩小基础设施的城乡差距，需要各级地方财政的支持和倾斜，不断增加资金投入。在乡村资金投入上，嘉兴市坚持把农村基础设施建设作为财政支出的优先保障领域，每年提供专项资金支持基础设施建设。除财政支出以外，嘉兴市强化资金整合，探索推广政府与社会资本合作的基础设施建设模式，充分调动各类社会力量参与基础设施的投资、建设和运营。在一些基础设施的建设上，嘉兴市灵活运用 PPP 项目融资方式，建立以财政资金为引导、社会资本多元化投入、金融资本积极参与的投融资机制。此外，嘉兴市对农村基础设施运行维护进行了制度性安排，设立了村级公共服务和社会管理专项资金，推进农村基础设施运行维护机制建设。同时，嘉兴市建立了村级基础设施资金使用与监管机制、基础设施运行维护责任制度、考核奖惩制度，并在此基础上，研究出台农村基础设施运行维护地方标准。

在城乡基础设施建设和民生共享方面，嘉兴市不仅着眼于市域内的城乡基础设施一体化，还注重与周边省市的联动，推进都市圈同城化发展，构建综合交通体系，促进交通基础设施互联互通。在城际交通"通勤化"方面，嘉兴市把沪嘉城际轨道交通作为接轨上海的"一号工程"，同时积极推进通苏嘉甬、沪乍杭等铁路建设以及高铁嘉兴南站扩容改造。在市域交通"一体化"方面，嘉兴市优化完善市域轨道交通网络规划，加快形成城际铁路网、市域轨道交通网、有轨电车网"三网合一"的市域轨道交通网。在综合交通"立体化"方面，嘉兴市全力抓好嘉兴机场、高速公路、港口码头、高等级航道等一批重大项目建设，构建海陆空、公铁水等多式联运的立体化交通格局。嘉兴市将城乡基础设施一体化发展融入长三角基础设施一体化发展之中，形成联通都市圈内中心城市、县城、中心镇、中心村的基础设施网络，城乡区域差距明显缩小，公共服务水平趋于均衡。

## 五 城乡基础设施一体化建设中的问题和建议

回顾嘉兴市城乡基础设施一体化建设的发展历程，虽然整体成果显著，但仍存在一些问题。

### （一）养护管理略显不足

近年来，嘉兴市对农村基础设施的投入力度不断加大，农村基础设施发生了翻天覆地的变化。但部分农村基础设施仍面临着养护管理略显不足的挑战，一些本应收费的项目都是在被无偿使用，维护资金缺乏，使得部分经济型的基础设施磨损严重，降低了利用价值，缩短了使用年限，造成了资源浪费。比如在美丽乡村建设过程中，一些农村道路因大货车流量增多，路面损坏得不到及时修复，直接影响了农村公路的正常使用、行车安全和长远发展；有些农村的基础设施建设相对滞后，很少有比较规范的污染处理设施，村里也缺乏长效的管理机制和措施等。

针对这类情况，建议嘉兴市可以从以下几个方面提升农村基础设施养护水平。一是构建农村基础设施建设多元化投融资格局，建立健全养护资金投入长效机制。农村基础设施养护需要充足的资金，嘉兴市应加大对农村基础设施养护资金的投入，并积极扩展资金来源，建议采取以政府为主、引导撬动社会资本参与建设的融资方式。具体而言，可以统筹农村土地出让收益，拿出一部分固定比例收益用于农村基础设施养护；鼓励村集体企业拓展农村基础设施养护业务，强化社会责任；引导企业进入农村基础设施养护行业，制定合理的收费标准并给予一定补贴等。二是根据农村基础设施建设投入主体和规模来确定基础设施的产权归属，并以产权所有者确定管护责任落实者，避免权责不清。参考路长制、河长制、湖长制等方式，将基础设施维护职能下沉，将基础设施建设的专业化与设施维护的基层化相结合，制定适宜的奖惩措施，实现有效的农村基础设施维护的制度建设。三是针对其中一些基础设施，采取统一的管理养护方式，比如农村污水垃圾集中统一处理，成立专门部门负责农村道路养护、电力与管道设施轮次检修等。四是加强宣传引导，增强广大农村居民爱惜和主动维护基础设施的责任意识，充分认识养护基础设施的重要性，发现问题及时报告报修。并且合理配置相应的养护技术人员，做到当地居民与专业人员配合养护。

## （二）行业标准相对滞后

相比于城市各行业统一的技术标准和规范的行业操作，嘉兴市农村的水电网供应、道路建设、客运管理、"三污"处理等领域技术和行业管理标准制定相对滞后，农村基础设施建设标准整体偏低。目前，嘉兴市农村基础设施供应和管理企业尚未明确统一的企业资质管理规定，并且没有统一的行业管理规范和技术管理标准，造成基础设施的供给和质量与预想的有所差距。如农村道路偏窄、危旧桥较多、限宽墩随处可见等，与当前城乡居民出行需求有较大差距；城乡公交停保场未有建设标准，部分路段甚至缺少停保场，使得有些城乡公交班次只能在路边停车、发车，影响城乡居民出行等。

根据当前农村基础设施建设的现实需要，首先，嘉兴市应该在农村基础设施建设工作中坚持规划先行原则，充分发挥规划的统筹引导作用；参考城市基础设施建设实施方案，建立完善的农村基础设施建设标准、管理机制和监督机制等；制定的政策不仅要符合嘉兴当地的实际情况、与改善农民的村居条件和方便生产生活相结合、优先解决农民最急需的基础设施，而且要谋划长远，考虑到农村基础设施的养护问题和城乡基础设施的贯通性和一致性。其次，嘉兴市应培育和扶持一批有资质、有水平的农村基础设施供应和管理单位，保障农村基础设施供应的质量，同时还应建立完善的责任追究制度，强化责任意识。监管主体根据供应和管理单位在农村基础设施建设中的资源配置、技术应用、用户体验等指标，采用年度考核与季度考核相结合方式，长期全面地考察该类单位对于农村基础设施建设的实施情况。最后，嘉兴市应引导成立农村基础设施建设养护单位行业协会，协助政府制定和实施行业发展规划、产业政策、行政法规和有关法律，负责对工程质量进行检验、调整和制定行业标准、监督协会成员、对本行业的基本情况进行统计分析、做好行业分析调研等。

## （三）服务质量有待提升

城乡基础设施建设不仅需要在量上加大投入，还应该确保城乡居民享受的服务质量基本一致。目前在部分城乡基础设施一体化建设上，嘉兴市已经完全实现了城乡居民有公平地获取某种公共产品的可能性，但城乡居民享受公共服务的质量仍有明显差异。比如嘉兴市初中、小学入学率和巩固率均达到100%，但这个指标不能显示出城市家庭和农村家庭子女间所受教育的巨大差距，农村初中学校在师资水平、办学质量等方面相对薄弱，"城市挤、镇村弱"的难题还没有完全破解。再比如城乡一体化的公共图书馆和文化馆服务体系，虽然已经尽可能地延伸到了嘉兴的每一个乡村，但这些设施相对落后，利用率也较低。博物馆和村级文化礼堂等设施部分存在闲置状态，文化服务供给质量还需进一步提升。

需要意识到，文化、教育、卫生事业等软基础设施在城乡空间发展中的区别是一种客观存在，嘉兴市应更多地追求城乡之间的优势互补。比如在教育上，嘉兴市应该把城乡教育放在完全平等的地位上，肯定城市和农村教育在各自区位中做出的贡献和成果，但也要在一定程度上更加聚焦农村教育，积极挖掘、开发出农村教育中特色的东西，如劳动教育和自然环境保护宣传等，这些往往是城市教育中欠缺的。应该关注区域内各类教育的结构比例、空间布局、资源配置、发展规模和速度等，在一个更大的时空范围内统筹城乡教育资源分布、完善教育基础设施建设，尽量做到分布均衡。此外，嘉兴市还应该进一步完善户籍和学籍管理制度，不应让学生因城乡差别而被剥夺享受优质教育资源的机会；加大城乡之间优质师资的流动，鼓励教师下乡教学，推广优质网络视频公开课，避免教育资源的过度集中等。在文化上，对于村级图书馆和文化馆等，则应该充分考虑农村居民的需求，通过资源统一调配和流转定期补充、更换书籍，一些文娱活动也应该尽可能地延伸至乡村，可以考虑采用巡回的方式举办，提高场地的使用率。在医疗卫生事业上，嘉兴市应该优化资源配置，推动卫生健康体系提标扩面、提档升级、提质增效，加强卫生健康服务能力；继续促进医疗与养老融合，建立健全与养老机构合作机制，兴办医养结合机构；利用城乡区位优势，将"医"集中在人口稠密的城市地区，将"养"分布在景色宜人的乡村地区。

# 第五章 城乡产业融合发展

城乡产业融合强调城市与农村两个不同空间之间的产业互动，是城乡融合发展的重中之重。长期以来，嘉兴市始终坚持以工促农、以城带乡为基本原则，不断突破城乡融合发展的体制机制障碍，坚定实施先富带动后富，通过不断深化产业融合实现城乡共富，成为浙江乃至全国城乡均衡富庶发展的先行地。

## 一 城乡产业融合发展的现状

嘉兴市始终以农业农村为核心来推动城乡产业融合发展，通过政策扶持、改革突破等举措，目前已经形成了比较完善的城乡产业融合平台体系，农村新产业新业态发展迅速，农业全产业链不断健全，农产品价值链不断提升以及农业创新链不断完善。

## （一）城乡产业融合平台体系形成

嘉兴市坚持用"二产理念、三产思维"开发农业，农业经济开发区建设县（市、区）实现全覆盖。截至 2020 年 12 月底，市本级农业经济开发区累计完成涉农投资 25.95 亿元，其中吸引社会资本投资 15.35 亿元，统筹整合各级财政资金投入 10.44 亿元，通过农业经济开发区引领，带动创业创新孵化园、优质稻米示范区、特色产业优势区、美丽经济转化区四类平台协调发展，形成功能布局合理、特色优势明显、创业创新活跃、资源集约高效、城乡产业深度融合的新型高能级产业平台体系。

## （二）农村新产业新业态发展迅速

一是乡村旅游业和休闲农业不断壮大。截至 2020 年，累计建成 A 级景区村庄 409 个（AAA 级 62 个）、建成景区镇 24 个（AAAAA 级 1 个、AAAA 级 12 个、AAA 级 11 个），培育全国乡村旅游重点村 2 个、中国美丽休闲乡村 3 个、等级民宿 38 家，平湖市醉美花海二日游作为江南水乡乡村旅游的典型代表入选全国乡村旅游精品线路。2020 年乡村旅游业接待游客 1397 万人次，旅游收入 14 亿元；农家乐休闲农业接待游客 3406.7 万人次，直接营业收入 25.59 亿元。

二是农村电商蓬勃发展。截至 2020 年，累计建成村级电商服务站 602 个、电商专业村 202 个、电商特色镇 42 个；共有 196 个"淘宝村"上榜，数量居全国第八、全省第六；"淘宝镇"上榜 42 个，数量居全国第七、全省第四；海宁、桐乡、嘉善入选全国电子商务进农村综合示范县。

三是现代种业、农家特色小吃产业等农村新产业新业态快速发展，凤桥梅花糕等 9 种小吃获评"浙江农家特色小吃百强"；秀洲东兴奶牛场是 ABS 育种公司全国唯一的精英牧场项目。

## （三）农业全产业链不断健全

2019~2020 年，嘉兴市新创建价值超 10 亿元的省示范性农业全产业链 6 条，继续做大做强农产品加工业，自有机械加工的主体 59 家。农产品流通业发展加快推进，2019~2020 年新增村级农村物流服务点 146 个、农村农贸市场冷链体系 17 个。农村商贸服务业稳步发展，积极搭建农产品对接活动平台，2019~2020 年，共举办农产品产销对接活动 11 场。成功举办 2020 全球乡村产业生态大会，推动一二三产业深度有机融合。

## （四）农产品价值链不断提升

通过加快打造农产品品牌，显著提升农产品附加值。"金平湖"等 5 个品牌登上"浙江农业品牌百强榜"，"嘉田四季"区域公用品牌产值达 15 亿元；3 家企业及其产品入围全省首批"品字标浙江农产"重点培育企业名单，2 家企业成为 2020 年"品字标浙江农产"品牌企业（"品字标浙江农产"为 2020 年浙江创新工作，数据为累计数）。积极推进"三品一标"，全市有效期内"三品一标"产品总数 910 个，其中绿色食品 169 个，无公害农产品 658 个，有机农产品 75 个，农产品地理标志保护产品 8 个，农产品质量检测合格率稳定在 98% 以上。

## （五）农业创新链不断完善

农业基础研究不断强化，先后引进了中科院昆明植物研究所、上海交通大学新农村研究院等科研单位，和浙江农林大学、浙江大学、浙江省农科院、中国水稻研究所等单位进行合作研究。选育出菱壳红色的无角菱新品种"南湖红菱"，8 个水稻新品种通过国家新品种审定，"嘉禾香 1 号"荣获第三届全国优质稻品种食味品质鉴评（粳稻）金奖。农业科技成果转化机制不断完善，创新打造"专家团队（省市县专家、土专家）+产业农合联（现代农业综合服务中心）+专业合作社（家庭农场、种养大户）"新型农技推广服务体系。深入实施科技特派员制度，出台《嘉兴市科技特派员工作管理办法》。截至 2020 年底，累计培育农业高新技术企业 49 家、省农业科技企业 189 家。

# 二　推进城乡产业融合发展的主要做法

近年来，嘉兴市重点通过打造多层次以农业为基础的城乡产业融合平台、实施"飞地抱团"促进城乡产业资源共享、强化城乡规划一体化设计、打破城乡产业融合体制机制壁垒等举措加快推进城乡产业融合发展。

## （一）打造多层次以农业为基础的城乡产业融合平台

嘉兴市通过打造一批农业经济开发区、优质稻米示范区、特色农产品优势区、创业创新孵化园和美丽经济转化区等城乡产业融合发展平台，来实现城乡产业链"互联互伸"，以提升乡村产业的价值链、创新链和利益链。

一是首创农业经济开发区模式，延伸农业产业链。嘉兴市立足一产基础，按照"农业硅谷、农创高地"的定位建设农业经济开发区，推进"农业+"发展。积极招引国际一线农业品牌企业、国际一流农业高科技企业、国家级农业龙头企业、上市公司，着力发展观光农业、体验农业、智慧农业等新产业新业态，带动农业产业链前延后伸，促进农村农业与城市二三产业融合发展。

二是高标准建设现代农业园区，发展农业全产业链。现代农业园区以发展农业全产业链为主线，以龙头企业和产地市场为核心，通过聚集城乡各类产业要素和资源，加快构建由农产品种植、加工、流通、服务为一体的农业全产业链，以促进农业产业集聚、价值提升和利润共享，提升产业发展层次、市场竞争能力和辐射带动水平。

三是支持农业科技创新平台建设，构建农业创新链。首先，支持建设并申报国家级、省级农业高新技术产业示范区、农业科技园区等平台，汇聚城乡优势农业创新资源，吸引农业高新技术企业落户科技园区并引导其建立高水平研发机构，依托浙江清华长三角研究院，创建国家级农业产业科技创新中心。其次，围绕"两区一城一走廊"建设，以全域孵化发展理念，加快推进农民创业创新"孵化园"、科技特派员创业基地建设，打造农业农村领域的众创空间——"星创天地"。最后，发展多种形式的创新创业支撑服务平台，健全服务功能，开展政策、资金、法律、知识产权、财务、商标等专业化服务。

## （二）"飞地抱团"促进城乡产业资源共享

嘉兴市率先创新"飞地抱团"模式，通过县域统筹、跨镇经营、多村联合等建设工业园区、经济开发区，促进城乡产业资源共享。"飞地抱团"即将建设用地指标等稀缺资源从低效利用的农村集中配置到条件相对优越的"飞地"，优化国土空间和功能布局，促进乡村振兴、共享发展。截至 2020 年底，嘉兴累计建成"飞地抱团"项目 110 个，涉及 1342 村次，其中薄弱村 552 村次，项目总投资 109.7 亿元，收益率普遍达到 8%~12%，实现了县域抱团项目全覆盖、集体经济薄弱村全打包、"消薄"任务全兜底。

## （三）强化城乡规划一体化设计，以布局促融合

嘉兴市坚持规划引领、强化顶层设计，通过强化城乡规划一体化设计，统筹推动中心城市、县级城区、新市镇和美丽乡村产业合理布局，以镇域作为促进城乡产业融合发展的主要空间载体。

一是以特色小镇建设作为促进城乡产业融合发展主要切入点。嘉兴市始终将镇域作为城乡产业连结的战略据点，通过规划引领、整合资金、优化政策，从农业稳镇、工业强镇、商贸旺镇三个维度着手，加快推进以购物休闲、健康养老、会议会展、文化旅游、科技服务、商贸物流、金融服务、信息服务、农业开发等为主要内容的特色小镇建设，促进城乡一二三产业融合发展。推动高新企业、高新技术、高端人才、高效资本优先向特色小镇集聚，率先建成"产学研用金、才

政介美云"十联动创业创新生态圈<sup>[1]</sup>，支持特色小镇建设制造业创新中心、产业创新服务综合体，将特色小镇打造成为以实现乡村振兴基本目标、汇聚城乡优势要素资源，率先实现城乡产业融合的综合载体。

二是推动城市旅游设施向乡村延伸，推动美丽乡村价值转化。一方面，依托江南水乡特色，借助嘉兴城市完善的旅游设施，建设环嘉兴城市乡村旅游线、环大上海水乡田园旅游、古运河乡村民俗风情旅游、杭州湾北岸滨海乡村旅游的全域旅游发展格局，拓展乡村旅游市场。另一方面，以"农业＋文化＋旅游"为切入点，通过民宿、乡村景区等，把美丽农业文章做足，一二三产融合发展，实现乡村"美丽资源"向"美丽经济"转化。

## （四）突出改革赋能，打破城乡产业融合体制机制壁垒

要真正实现城乡产业融合发展，破除城乡二元分割体制是关键。嘉兴市始终把体制机制改革创新作为推进城乡产业融合发展的根本动力，在推动城乡制度一体化上，积极探索、大胆实践。

一是以优化土地使用制度改革为核心，强化产业融合发展的要素支撑。在土地资源配置上，建立耕地保护补偿机制，探索城乡建设用地增减挂钩，开展以农房搬迁集聚、宅基地复垦为主的农村土地综合整治，实施农村土地全域综合整治，探索集体经营性建设用地入市。在人力资源供给上，深化户籍制度改革，全面实行按居住地登记户口

---

[1]　产学研用金、才政介美云"十联动，即把产业、学术界、科研、成果转化、金融、人才、政策、中介、环境、服务十方面因素融合提升，打造一个创新创业的生态系统。

制度，畅通城乡人口自由流动渠道。在资金投入上，强化资金整合，加大财政投入力度，建立以财政资金为引导、社会资本多元化投入、金融资本积极参与的投融资机制。

二是充分利用国家政策试点机遇，加大改革力度。以列入国家"多规合一"试点、国家新型城镇化综合试点、嘉善和海盐两县农村承包土地经营权抵押贷款试点、秀洲区全国农民专业合作社质量提升整县推进试点等为契机，加大城乡二元体制机制改革力度，为嘉兴城乡产业融合发展打下良好的制度基础。

# 三 推进城乡产业融合发展的典型模式

从嘉兴市推进城乡产业融合发展的具体做法来看，农业经济开发区"广陈模式"、飞地抱团"嘉善模式"以及特色农业强镇建设等具有一定的地域特色和典型性。

## （一）农业经济开发区："广陈模式"

嘉兴市于2017年首创了农业经济开发区模式，按照"以工业的理念发展农业、像重视城市建设一样建设农村、像经营城市一样经营农村"的发展理念，通过三次产业互相赋能推进城乡统筹、产乡融合发展。到2021年，嘉兴市农业经济开发区实现县（市、区）全覆盖，累计带动1.42万名农民就业，促进农民增收4772.4万元，对新时期以农业现代化促进城乡融合、共同富裕具有重要参考价值。

2017 年，平湖市广陈镇率先探索建立浙江省首个农业经济开发区，积极引育高质量现代农业产业项目，全面打造长三角科技农业发展战略高地和平原水乡乡村振兴样板区，探索形成了乡村振兴的"广陈模式"。2019 年嘉兴市人民政府办公室发布《关于推进农业经济开发区建设的指导意见》，提出"到 2020 年，每个县（市、区）至少建成 1 个规划建设面积不少于 2 万亩的市级农业经济开发区"的目标。要求每个开发区至少达到"八个一"：一个高效运转的开发区管理机构，一套绿色生产与生态循环农业体系，一条以主导产业为基础的农业全产业链，一个联结紧密的农业产业化联合体，一个功能完善的农民创业创新孵化园，一个以特色农产品为核心的区域公用品牌，一个与主导产业相结合的休闲观光农业基地，一批海内外高层次农业主体和一流的农业科技合作、资本投资项目。

其中，作为首个农业经济开发区，"广陈模式"的主要经验包括：（1）创新独特产业发展平台。改变传统农业园区按一产划分功能的模式，积极推动"三产融合"与"三生融合"，打造景区式、标准化的农业园区，实现产业板块和城镇板块的融合互动。（2）接轨国际科技农业集群。于 2020 年规划建设 3 平方公里的国际科技农业合作示范区，招引种子种源、数字应用、农业服务等新型科技农业项目 38 个，与美国、德国、荷兰、以色列、日本等国开展合作的项目 10 余个。（3）构建共同富裕产乡发展模式。以科技农业、设施农业、数字农业等高端农业发展为契机，组织村集体参与农开区平台建设和产业发展，以产业带动村庄，项目带动资产，实现村集体固定资产、土地资源的裂变增殖，助推集体经济快速发展，为村集体实现每年约 2000 万元的增收收益，村均增收超过每年 180 万元。

## （二）"飞地抱团"："嘉善模式"

自 2016 年开始，嘉善县探索实施以"县域统筹、跨村发展、股份经营、保底分红"为主的"飞地抱团"发展模式，将全县各村（社区）的零碎土地指标、资金等集中"腾挪"到更优质的区域，联合发展规模型、集聚型、生态型强村项目，推动村级集体经济统筹发展、均衡发展。逐步探索出从县域抱团到跨市、跨省抱团新模式，于 2021 年与以庆元县为代表的山区 26 县签订共建山海协作"科创飞地"项目框架协议，创新探索"面向大上海、研发在嘉善、转化在当地"的山海协作新模式，不断夯实"强村富民"新格局。

首先，创新"飞地抱团"，做好"三篇文章"，推动有效增收。

一是强化组织领导，以六个"统一"凝聚工作合力。成立县"强村计划"领导小组，建立健全"统一规划、统一审批、统一建设、统一经营、统一管理、统一核算"的"六统一"体制，充分整合县级各职能部门的政策资源，积极调动"飞地"所在镇（街道）的积极性，形成共推"飞地抱团"的强大合力，提升项目建设审批效率，加快项目开展进度，推动村集体项目投资实现早开工、早投产、早分红、早收益。

二是整合资源要素，以飞地集聚提升项目效益。在加快发展村级集体经济的进程中，不断探索"飞地抱团"的发展路径，总结出借助有利区域位置打造精品产业的发展导向，充分运行"土地＋资金"的联合模式，整合利用相对经济薄弱村等主体提供的土地指标等要素，依托地域优势组建"飞地抱团"项目，实现了项目资源和空间资源的高效配置，亩均产出翻倍增长，大幅提高了"飞地抱团"项目的租金收益，提升抱团集聚效益。以大云中德生态产业园项目为例，该项目每年投资收益可达 940 万元，惠及 22 个村。

三是围绕提质增效，以腾退转型提升产业层次。通过不断迭代升级"飞地抱团"模式，开展"退散进集"暨低端产业腾退整治，完成"低散乱污"企业整治提升 5210 家，累计腾退低效用地 2.18 万亩，建设了一批"两创"中心和小微产业园，为集聚优质项目，推进实体经济"二次创业"和产业转型升级留出了发展空间，同时也弥补了因"低散弱"腾退对村级集体经济造成的阶段性影响。目前，全县"飞地抱团"项目共集聚了 1300 余家优质企业。

其次，加快迭代升级，践行"三步战略"，引领共创共富。

第一步，开展"强村计划"，推进镇域内"飞地抱团"。2012 年以来，在村村联建的基础上开启镇域联合抱团项目，由镇政府牵头联合本镇所有村抱团集聚，逐步实现镇（街道）"飞地抱团"项目全覆盖。目前，镇级统筹抱团项目有 14 个，其中参与一个抱团项目的村 18 个，占 16.2%；参与两个以上抱团项目的村 93 个，占 83.8%，30 个重点扶持村均参与一个以上抱团项目。

第二步，推进迭代升级，实现县域内"飞地抱团"。2016 年以来，由县强村办牵头推动县域内跨镇联合"抱团"项目，打造高质量、规模化的产业架构，实现"飞地抱团"的迭代升级。目前，嘉善全县已累计实施"飞地抱团"强村项目 21 个，村级总投资达 22.8 亿元，已建成 12 个项目，可为 104 个村带来 1.1 亿元分红收益。预计 2021 年全县村均经常性收入达到 425 万元，位居全省前列。

第三步，突破县域范围，探索跨市域、跨省域"飞地抱团"。为响应精准扶贫、精准脱贫，坚决打赢脱贫攻坚战号召，2019 年，创新跨省、跨市"飞地抱团"合作模式，由四川九寨沟县、浙江庆元县共同注册成立全资国有公司，共建跨省"飞地"生态产业园，由嘉善县代为建设并负责统一招商、管理、运营、分红，优先招用九寨沟、庆元的技能人才和优秀劳动力，为全国东西部扶贫协作和浙江省山海协作做出了贡献。每年可为庆元县83个经济薄弱村和九寨沟县48个脱贫村增收2200万元、村均增收16.8万元。

最后，完善扶持体系，做好"三重保障"，加速项目落地。

一是强化政策保障。在贯彻落实好国家有关政策基础上，制定了连续四轮"强村计划"，加大对"飞地抱团"项目的支持力度，嘉善县每三年安排总量200亩土地指标倾斜支持，允许跨年度统筹安排使用，采取土地出让净收益全额返还等18项规费减免措施，为发展县内村集体"飞地抱团"营造了良好的环境。

二是强化项目保障。"飞地"产业园全程实施项目化运作，由共同成立的公司负责项目土地摘牌、厂房建设、后续运营管理等工作，着力引进一批符合产业发展需求的高质量项目，并在招商引资、项目落户政策上给予优惠和倾斜。如大云中德生态产业园定位于德国等欧美精密机械、装备制造产业开展精准招商，成功吸引道博模具、奕烯科技等8家企业入驻。

三是强化服务保障。为确保"飞地"产业园能在最短的时间内开工建设、竣工投产，在行政审批、服务效能等方面为"飞地抱团"项目开辟绿色通道，实行全程代办，由"红色代办员"逐一制定项目审批全流程图、项目建设前期进程表等"一图一表"，通过倒排时间、流程优化、模拟审批等方式，全面压缩审批时间，促使项目早开工、早产出。以干窑镇9村联建"两创中心"项目为例，从取得国有土地使用权出让合同到正式开工建设仅用了4个工作日，比正常流程减少了近30个工作日。

## （三）特色农业强镇建设

特色农业强镇是以地方特色产业为基础，农旅融合发展为主线，依托生态资源优势和历史文化内涵，通过开发农业多功能，加快发展休闲、创意农业，促进生产、消费、体验互动，实现"三生"（生产、生活、生态）有机融合、"三农"（农村、农业、农民）统筹发展和城乡产业融合发展。

嘉兴市目前已经建成省级农业特色强镇 10 个，分别是海宁市长安镇（花卉特色）、秀洲区油车港镇（菱果特色）、南湖区凤桥镇（水果特色）、海盐县澉浦镇（果蔬特色）、桐乡市石门镇（果菊特色）、嘉善县姚庄镇（果蔬特色）、平湖市新埭镇（果蔬特色）、桐乡市崇福镇（蔬果特色）、秀洲区王江泾镇（渔业特色）、平湖市林埭镇（水产特色）。

近年来，桐乡市崇福镇以"一园一带三区多点"为总体定位，建设提升现代农业科技创业园、运河绿道休闲景观带、精品农业示范区、绿色蔬果生产区、粮菜轮作示范区、农产品物流园、森利园、蚕桑文化体验园。按照"集聚、特色、精品"的要求，围绕"千年古城、梦想小镇、绿色蔬果、美丽田园"的目标，以建设现代农业创业园为核心，辐射示范带动崇福农业转型升级，以蔬果产业转型升级为主要抓手，健全蔬果全产业链建设，进一步做精做强崇福农业，力争把崇福镇打造成宜业、宜居、宜游的省级蔬果特色农业强镇。自现代农业创业园创建以来，崇福镇各项工作措施落实到位，项目有序推进，强镇建设重点项目共计 39 个，总投资额 47187 万元，圆满完成创建目标。

2019 年，王江泾镇被浙江省农业农村厅确定为渔业省级特色农业强镇创建对象。项目建设地点为王江泾镇北荷村、市泾村、廊下村等9个村，规划总面积3.9万亩，其中水域面积1.5万亩，包括莲泗荡、梅家荡和田北荡等湖荡。全产业链延伸，渔业产业实现"稳面提质"转型发展。王江泾镇充分利用好"中国青鱼之乡"品牌，延伸青鱼产业"原种保护—良种繁育—标准化养殖—产业化加工销售—休闲渔业"全产业链条，加大梅家荡、嘉荷池青、天然荡等多个青鱼品牌培育，建立养殖、捕捞、宰杀、腌制、晾晒、销售等数十个环节，实现"从鱼塘到餐桌"的产品质量溯源。2017年以来，全镇渔业全产业链总产值以平均年增长10.4%的速度发展，到2020年渔业全产业链总产值达5.9亿元，其中水产养殖2020年产值首次突破4亿元大关。

林埭镇是平湖市传统农业乡镇，也是水产大镇。全镇现有水产养殖面积4039亩，2019年全镇渔业总产量达8000多吨，养殖品种有南美白对虾、泥鳅、沼虾、青虾、甲鱼等，其中以南美白对虾为主要养殖品种。目前已初步形成了以农业龙头企业带动、重点经营大户为主体、渔业专业合作社为补充的多元化主体，水产养殖、农资供应、观光休闲业态多样化的发展态势。近年来，林埭镇以南美白对虾养殖为主的特色水产养殖业优势日益凸显，"世季鲜"水产、"阿美珍珠"等水产品品牌享誉全国，先后获得了全国"一村一品"（虾）示范镇、浙江省"水产强镇""东海文化明珠"以及嘉兴市"乡村振兴示范镇""生态镇"等称号。

## 四 城乡产业融合发展面临的挑战与发展思路

实现共同富裕必然对嘉兴市城乡产业融合发展提出更高的要求，

但城乡产业融合层次不高、城乡二元土地制度性障碍以及镇域节点作用不明显等都对城乡产业进一步深度融合构成主要挑战。

## （一）共同富裕背景下嘉兴市城乡产业融合发展面临的主要挑战

一是城乡产业融合层次不高。农业产业融合发展尚处在起步阶段，农产品精深加工不足、流通不畅，存在产业链较短、规模偏小、品牌价值低、聚集程度弱等问题。农村产业科技创新能力不强，未能充分利用城市优质创新资源，造成科技成果转化不快、基层科技创新服务人员普遍数量不足。乡村旅游、"互联网＋"农业等新产业、新业态规模偏小，需要进一步打通城乡商品流通渠道，以有效利用城市消费市场。

二是城乡二元土地制度性障碍。城乡土地市场一体化推进难是提升城乡要素配置效率的最大制度性障碍。农地转非农业用地必须实行政府征收、非农经济活动必须使用国有土地，土地用途和年度指标管制以及政府垄断土地市场等问题难以突破。农村宅基地申请权利资格认定、宅基地使用"增人不增地、减人不减地"改革等仍需尽快破题。如农村宅基地申请上，法律规定只有农村村民享有宅基地申请权，而户籍制度改革取消了农业和非农业户口之分，农村宅基地申请权利的资格认定成为一大难题。

三是镇域节点作用不明显。以特色小镇等镇域作为城乡交会的主要节点，存在空间不够、配套不全、特色不足、承载城乡要素资源不足等问题，造成镇域作为城乡产业融合发展的节点作用不明显，未能充分发挥其"联城接乡"的重要功能。

## （二）促进共同富裕背景下嘉兴市城乡产业融合发展思路

产业融合会导致原有产业划分界限模糊（马健，2002），往往会形成新技术、新业态和新模式（周振华，2003），从而显著提升融合后的产业竞争力和企业效益。因此，从融合效果来看，促进农村产业与二三产业融合有助于农业增益、农民增收（苏毅清等，2016）。与上述产业融合不同的是，城乡产业融合更加强调城市与农村两个不同空间之间的产业互动，包含多个层面和多个维度。城乡产业在融合的过程中，会逐渐形成一个利益共同体，促进城乡产业一体化发展，为城乡共同富裕奠定坚实的产业基础。

长期以来，嘉兴市始终坚持以工促农、以城带乡的基本原则，不断突破城乡融合发展的体制机制障碍，坚持先富带动后富，通过实现城乡基本公共服务均等化、提升农村居民收入、推进城乡基础设施一体化和托牢社会保障底线等举措不断缩小城乡发展差距，已经成为浙江乃至全国城乡均衡富庶发展的先行地。

产业融合是城乡融合发展的重中之重，也是嘉兴市加快建设成为浙江共同富裕示范区典范城市的重要手段。为进一步促进嘉兴市城乡产业高质量融合发展，应以延伸农业为切入点、提升农产品价值为核心、畅通城乡要素市场为重点、共享城乡创新资源为基础、筑牢城乡利益共同体为目标，以镇域为主要空间载体，打破城乡产业分界，构筑城乡一体化的产业链、价值链、要素链、创新链和利益链，为城乡共同富裕的实现打下坚实的产业基础。

第一，以延伸农业产业链为切入点，构筑城乡一体化的产业链。构筑城乡一体化的产业链是城乡产业融合的基础。通过横向延伸、纵向拓展等方式，将城市与农村产业有效连接，有助于强化城乡之间的经济联系，形成城乡经济发展共同体。从平衡城乡发展关系、缩小城乡发展差距来促进共同富裕目标的角度出发，城乡一体化的产业链构建应以延伸农业产业链为切入点，将传统农业延伸至城市二三产业，从而提高农业现代化水平、整体竞争力和农业产业链的整体抗风险能力（罗平，2021）。

第二，以提升农产品价值为核心，构筑城乡一体化的价值链。价值链是指为实现商品或服务价值而连接生产、销售、回收处理等过程，涉及从原料采集和运输、半成品和成品的生产和分销，直至最终消费和回收处理的整个过程，包括所有参与者和生产销售等活动的组织及其价值利润分配。因此，价值链与产业链伴随而生。由于各类生产要素以及市场主体在不同环节创造的价值不相同，所获取价值利润的分配也存在显著的差异。在构筑城乡一体化产业链的基础上，为促进城乡协调发展，应以公平、合理、共享为价值利润分配原则，以提升农产品价值为核心，促进城乡商品价值链紧密衔接。

第三，以畅通城乡要素市场为重点，构筑城乡一体化的要素链。各类要素按照产品的生产、销售等过程链接在一起，从而形成要素链（张辉，2004）。有效的要素供给是产业发展前提，城乡要素市场分割不仅必然会阻碍城乡一体化产业链的形成，也会导致城乡生产要素难以实现优化配置，阻碍城乡一体化价值链的构建。由于历史原因，我国已经形成了比较显著的城乡二元结构，要素市场也存在城乡二元分割现象，不利于城乡产业融合发展。经过改革开放以来全国层面推进的市场化体制机制改革，以及嘉兴市在户籍制度、城乡土地市场等领域的先行先试，城乡要素市场逐渐由分割走向融合，但城乡要素市场一体化发展仍然面临一些体制机制阻碍。当前，嘉兴市应以促进城乡土地市场一体化、吸引人才和工商资本下乡为重点，畅通城乡要素市场，构筑城乡一体化的要素链来支撑城乡产业融合发展。

第四，以共享城乡创新资源为基础，构筑城乡一体化的创新链。创新链是指一项科技成果从创意产生到商业化生产和销售的整个过程。创新链不仅揭示了知识、技术在商品从研发到生产和销售整个过程中的流动、转化和增值效应，也反映各创新主体在这个过程中的衔接、合作和价值传递关系。创新是产业竞争力提升的源泉、经济可持续发展的保障。从创新资源的空间配置来看，优质的创新资源主要集中在城市，构筑城乡一体化的创新链，不仅有助于乡村地区共享城市创新资源，从而实现内生可持续增长，也有助于通过创新资源的共享和融合来促进城乡产业融合发展。

第五，以筑牢城乡利益共同体为目标，构筑城乡一体化的利益链。利益链是指各类市场经营主体通过契约、合同、股份合作等建立监督和约束机制，从而形成一个风险共担、互利共赢的利益共同体。从城乡产业融合发展的角度来说，以筑牢城乡利益共同体为目标，将产业相关参与主体通过建立公平合理的利益联结机制进行紧密联系，形成一体化的城乡利益链，共同创造价值、共同分享收益，有助于城乡产业融合得更加紧密。

第六，以镇域为主要空间载体，打破城乡产业分界。镇域是城乡连接最紧密的空间载体，也是城乡经济社会交往的主要汇聚地。从空间角度来说，发展镇域经济更有助于发挥"以城带乡"的作用。嘉兴市作为浙江乃至全国城乡发展差距较小的地区，其最重要的经验就是发达的镇域经济。因此，为了促进城乡产业融合发展，应以镇域为主要空间载体，通过特色小镇建设、城乡产业园区平台等建设来打破城乡产业分界。

# 五　推进城乡产业深度融合发展的建议

为加快实现城乡产业深度融合发展，为共同富裕目标的实现奠定坚实的产业基础，嘉兴市应以畅通城乡产业融合发展体制机制、完善城乡产业融合发展政策体系、打造高能级城乡产业融合发展平台、升级城乡融合产业等领域为施策重点。

## （一）深化改革，畅通城乡产业融合发展体制机制

一是完善城乡土地市场。首先，推进集体用地和增减挂钩节约指标入市交易。凡符合土地利用总体规划、依法取得并已经确定为经营性的集体建设用地，可采用出让、转让等多种方式入市交易。大力推动农村全域整治，打破县（市、区）增减挂钩指标交易行政限制，统一进入市平台交易，通过竞争提高价格，补齐乡镇当前经营性建设用地价格竞争劣势的短板。其次，优先支持城乡融合产业用地。鼓励采用长期租赁、先租后让、弹性年期供应等方式供应城乡融合产业用地。支持城乡融合产业用地实行"标准地"出让，提高配置效率。最后，建立完善同权同价、流转顺畅、收益共享的农村集体经营性建设用地入市制度设计和政策配套，全面形成城乡统一的建设用地市场。在坚决守住土地公有制性质不改变、耕地红线不突破、农民利益不受损三条底线的前提下，结合新一轮农村宅基地制度改革试点，探索宅基地所有权、资格权、使用权分置实现形式。在依法、自愿、有偿的前提下，允许将存量集体建设用地依据规划改变用途、入市交易。探

索建立健全农村产权流转市场体系。

二是加快城乡投融资改革。首先，推动金融产品和服务创新，鼓励金融机构对国家城乡融合发展试验区、农业经济开发区、特色小镇等城乡产业融合发展平台优先予以融资支持，对推动城乡产业融合发展的企业加大中长期贷款投放规模和力度。其次，推动城市金融体系延伸至乡村，推动乡村普惠金融建设和乡村信用环境建设，提升农村信用融资可获得性，开展农村集体经营性建设用地使用权、农民房屋财产权、集体林权抵押融资，以及承包地经营权、集体资产股权等担保融资。最后，促进工商资本下乡，引导工商资本为城乡产业融合发展提供资金等支持，鼓励工商资本投资适合产业化、规模化、集约化经营的农业领域。

三是建立城乡统一劳动力市场。一方面，全面取消落户限制，落实租房落户政策，有序吸引人才到嘉兴落户。放宽企业单位集体户设立条件，稳步实施全市镇（街道）或社区（村）公共集体户制度。落实推广专（兼）户口协管员制度，协助公安机关做好日常户口管理工作。继续推进有能力在城镇稳定就业生活的低收入人群落户城镇，全面打通进城常住的农村转移人口特别是建档立卡低收入农户的落户通道。加快简化户籍迁移手续，加强落户政策宣传，简化落户城镇的申请手续和证明材料，规范审核周期与审批流程，提高落户便利性。另一方面，深化统筹城乡就业改革，完善城乡统一的就业创业政策，全面开展充分就业村（社区）创建，建立城乡公共就业创业服务体系，实行城乡统一的人力资源和劳动用工管理。加大农业转移人员职业技能培训和创业扶持力度，将符合条件的流动就业人员纳入职业技能培训范围。重点面向新生代农民工、农村转移就业劳动者等，持续开展就业技能培训、转岗转业培训、技能提升培训等免费培训，强化农村电商职业技能培训。支持民办培训机构、农民田间学校、农民教育示范基地等各类培训机构积极参与职业技能培训。

## （二）突破政策，完善城乡产业融合发展政策体系

一是用好国家城乡融合发展试验区试点政策。嘉兴湖州片区是国家城乡融合发展 11 个试验区之一，国家发改委发布的《关于国家城乡融合发展试验区实施方案的复函》明确"在省级权限范围内加强改革授权，加强省级财政转移支付、预算内投资和地方政府专项债券等资金保障，加强新增建设用地计划指标和城乡建设用地增减挂钩指标供给"，"支持重大项目纳入国家相关规划，对符合条件项目加强中央预算内投资、企业债券和政策性信贷等资金保障，协调加强建设用地供给，根据需要加强重要政策支撑"。嘉兴市应充分利用国家城乡融合发展试验区试点政策机遇，从城乡产业融合发展面临的体制机制障碍着手，全面争取上级部门政策支持。

二是完善财政政策，发挥财政资金撬动作用。一方面，充分发挥财政资金"四两拨千斤"的作用，创新举措，调动各方面的资源力量，合力推进城乡产业融合发展。加大财政贴息等金融扶持政策，引导信贷、债券、基金等金融资本支持城乡产业融合项目。另一方面，建立城乡产业融合发展基金。以政府引导、市场参与的方式组建专项基金，财政安排注入一点，盘活存量镇村集体资产增加一点，国资企业和其他社会资本参与一点，建立一支聚焦城乡产业融合发展的专项基金，聘请专业团队管理，孵化农业创业项目，推动城乡产业提质融合发展。

三是坚持规划引领，强化顶层设计。加快制定出台《嘉兴市城

乡产业融合发展规划》，合理规划产业融合方向，科学设计产业融合思路。一方面，结合嘉兴市城乡产业融合发展现状和优势产业项目，统筹谋划适合推进的产业融合项目，循序渐进，争取成熟一个推进一个。另一方面，统筹全市城乡融合产业合理布局，加强各县（市、区）、镇（乡）之间形成合理分工，避免出现产业同质化布局造成过度竞争和损害整体经济发展。

## （三）提升平台，打造高能级城乡产业融合发展平台

一是高标准建设农业经济开发区。按照高起点规划、高强度投入、高标准建设、高效率管理、高水平示范的要求，重点做强生态高效农业，壮大农业经营主体，强化科技创新与应用，推进三产融合发展，发展形成具有嘉兴特色的农业经济开发区模式。

二是打造都市型农业"硅谷"。聚焦上海这个大都市市场，对标国际一流，引领未来发展，着力打造一批具有嘉兴特色的、农业价值链显著提升的优质稻米示范区、特色农产品优势区和美丽经济转化区。聚焦现代农业生物技术、绿色智慧高效农业、农产品质量与生命健康等领域，开展产业链招商，着力引进一批投资强度大、科技含量高、辐射能力强、延链补链强链作用大的企业或科研院所，提升农业价值链。

三是建设农业特色强镇。突出"集聚、特色、精品"要求，大力发展主导产业强、生态环境美、农耕文化深、农旅融合紧的特色农业强镇。引导发展"一镇一业""一村一品"，推动乡村特色产业品质提升。

## （四）升级产业，提高城乡产业融合发展水平

一是构建城乡一二三产业融合发展体系。全力打造全产业链农业，拓展农业产业多种功能，发展设施农业、"互联网＋"农业、观光农业、体验农业、创意农业、农产品加工业、民宿经济等新业态。加快打造嘉兴"一村一品"景区村庄，创建"休闲农业和乡村旅游精品线"。加快发展"互联网＋"农业，大力发展农村电子商务，推进农村电商村建设。积极探索网店、微店、直播带货等农产品线上经营模式。探索农产品个性化定制服务、会展农业和农业众筹等新模式。

二是打造美丽乡村升级版。深入开展美丽乡村示范县、示范乡镇、风景线、特色精品村和美丽庭院"五美联创"工作。统筹推进美丽乡村风景带建设，集聚沿线美丽乡村示范点、农业经济开发区、特色精品村等资源，着力打造湿地水乡文化带、南部滨海发展带、运河风情文化旅游带。依托"四好农村路"与省级绿道网建设线路，优化提升美丽乡村精品线建设，串联美丽田园、美丽牧场、美丽庭院、特色旅游景点、家庭农场、农家乐等重要节点，勾勒出粉墙黛瓦、水清岸绿的平原水乡新图景。开展农村景观风貌品质提升，加强历史文化村落保护、村庄有机更新，按照宜耕则耕、宜建则建、宜绿则绿、宜通则通的原则，打造绿村花海、水景渔趣景观特色。

三是发展现代都市型生态农业。以服务长三角都市经济圈为重点，大力发展绿色农业、品牌农业、服务农业、智慧农业。全面落实永久基本农田特殊保护制度，划定粮食生产功能区和重要农产品生产保护区。发展绿色高质高效农业，加强节本增效农业技术研发与推广，推广高标准稻田综合种养等生态循环农业模式。推动农业品牌建

设，开展农业品牌建设"五个一"行动，开展嘉兴市农产品区域公用品牌创建，全面推行农产品标准化生产管理模式。大力推进种养基地数字化改造、智慧农机、物联网技术推广等，推进数字牧场、数字果园等建设。

四是加强科技人才和科技成果入乡。着力引进培育一批引领农业科技领军人才和院士专家工作站、博士后工作站、外国专家工作站等。加快高素质农民培养，激励农业科技研究人才、推广人才、农村实用人才等各类人才到农业生产经营主体从事科技服务或创办各类新型农业生产经营主体。鼓励支持返乡大学生、科技人员等新生力量投身现代农业创业创新，培育一批"农创客"。推进产学研合作，加强科研机构、高校、企业、返乡下乡人员等主体协同。引导规划、建筑、园林等设计人员入乡。鼓励农村集体经济组织探索人才加入机制。推进科技成果入乡，建立健全以知识产权和服务业绩为导向的分配激励机制，提高农业科研人员科技成果转化收益比例。建立有利于涉农科研成果转化推广的激励机制与利益分享机制。完善科技特派员制度，支持科技特派员深入乡村离岗创业创新。

# 第六章　市域社会治理现代化

　　加快市域社会治理现代化，有利于为全面建成小康社会后促进共同富裕取得实质性进展提供助力。党的十九届四中全会明确提出，要"加快推进市域社会治理现代化"。十九届五中全会强调，要"加强和创新市域社会治理，推进市域社会治理现代化"。各地政府根据本地实践做了诸多探索，积累了丰富经验。其中，浙江嘉兴充分利用现代互联网技术推进市域治理智慧化，并创新运用积分制，以及通过"微党建"和"微项目"推进"微治理"，并以"微治理"带跑"长效治理"，为市域社会治理现代化提供了有益经验。

## 一　市域社会治理现代化的基本历程

　　据调研，嘉兴社会治理变迁可以分为几个阶段，其特征为由点促线、由线促面、由面促体的过程，是在党的领导下、坚持上级方针而做出的适时性政策和策略的结果，是始终坚持解放思想与实事求是的结果，也是始终坚持促进共同富裕的结果。

## （一）2003 年以前：由点促线

受益于改革开放的红利，嘉兴市被国务院批准作为长江三角洲"先行规划、先行发展"的 16 个城市之一，为社会治理由城乡二元治理向全域治理打下了坚实基础。这意味着嘉兴较早脱离城乡二元管理思维，以改革为动力，成为统筹城乡发展探索的先锋。这是嘉兴市解放思想的重要阶段。解放思想为的是实事求是，而不是盲目试错，强调在一个总体的战略下逐步打造框架基础与元素。嘉兴市于 1998 年 10 月以"城乡一体化"作为全市经济社会发展的五大战略实施的起点，突出了战略聚焦。特别是 2000 年，嘉兴市印发了《关于推进"五个一工程"的实施意见》，明确了战略聚焦，即高起点、高标准、高水平建好一个中心镇、一个示范村、一个特色工业城、一个现代农业园区、一条现代农业产业带。当然，此时的嘉兴社会治理围绕着乡村基础项目展开，但也开始呈现"由点促线"的治理发展，这主要体现在 2003 年，嘉兴围绕着以上典型示范开始以县（市、区）为单位进行整体推进，形成了以农村城镇化、农村工业化、农业产业化、农民知识化和环境生态化为主要内容的农业和农村现代化，即"五个行动计划"。

## （二）2003~2008 年：由线促面

从 1998~2003 年的社会治理特征可以看出，嘉兴社会治理在县域城乡一体化管理上已经基本实现了一体化，形成了所谓的"线（条）"管理，具备了形成面（域）管理的条件。这一时期嘉兴社会治理体现了向"由线促面"的变迁，打通了县与县之间实现一体化的阻隔，实现了治理的市级统筹。值得注意的是，嘉兴已经具备了打通县域社会治理的基础。到 2003 年，嘉兴在全国 200 个地级市以上城市综合竞争力排名中居第 37 位，所辖五县已连续 5 年全部进入全国百强县前50。并且嘉兴在空间上地处长三角区域的中心，区位条件优越，交通网络发达，进一步整合县域社会治理易于产生制度绩效。因此，2004年，嘉兴市颁布了《嘉兴市城乡一体化发展纲要》，提出了嘉兴市域城乡一体化空间布局、城乡设施建设一体化、城乡产业一体化等"六个一体化"。可见，这"六个一体化"是县域"五个行动计划"的升级版本，代表着嘉兴县域社会治理向社会市域治理的转变，体现了通过市域社会治理促进城乡协调发展的战略导向。

## （三）2008 年至今：由面促体

嘉兴社会治理"由面促体"的主要表现为，在原有"六个一体化"基础上，增添了推动统筹城乡一体化发展的组织保障体系，强调多部门立体协作。"由面促体"的实现以 2008 年嘉兴市一号文件《嘉兴市打造城乡一体化先行地行动纲领》为起点，以嘉兴"十改联动"为典型。例如在"十改联动"中，嘉兴在推进统筹城乡跟踪和配套改革试点中，全面部署以优化土地使用制度为核心，涵盖城乡就业、社会保障、户籍制度、新居民服务、涉农管理、城镇建设、农村金融、公共服务、区域统筹等多部门的立体协作，使城乡资源在体系内双向流动。这种双向流动，在人口流动方面，建立城乡一体的户口登记和迁移制度，实施按居住地划分的人口统计制度；在土地使用方面，落实农民宅基地和承包地的用益物权，变资产为资本，支持农民进城；

在农村集体产权制度改革方面，保障农民收益分配权，带"权"进城；在农村金融改革方面，探索农村集体资产入股，土地经营权和农房所有权抵押、质押贷款，不断创新各类扶持农户生产经营的信用贷款，实现资本流入。在体系化治理中，嘉兴在这一时期也注重推动市域治理高水平发展，2019 年制定了《嘉兴市乡村振兴战略实施规划》，推动高质量乡村示范地建设，同年底，制定了《关于打造城乡融合发展示范区的专项行动方案》。

# 二　推动市域社会治理现代化的做法与典型经验

20 世纪 60 年代初，浙江省诸暨县（现诸暨市）枫桥镇创造了"小事不出村、大事不出镇、矛盾不上交、就地化解"的"枫桥经验"。为此，毛泽东同志于 1963 年亲笔批示"各地方效仿，经过试点，推广去做"。"枫桥经验"成为全国乡村治理学习的典范。2013 年，浙江桐乡市在吸收借鉴"枫桥经验"的基础上，践行"三治"融合，打造了"枫桥经验"的升级版，在较短时间内推广到全国，"三治"融合于 2017 年被写入党的十九大报告。如今，嘉兴市在"三治"融合的基础上，提出了自治、法治、德治、智治"四治"融合的"嘉兴经验"。经过实地调研和资料整理，作者对"四治"融合的"嘉兴经验"有了更为深刻的认识，其所形成的经验，核心在于创新了"三治"融合的有效载体，发挥数字治理在社会治理中的独特作用，具体可以分为三点。

## （一）创新"四治"融合新内涵

### 1."智慧"更新基层治理体系架构

治理现代化的标志在于治理体系架构的标准化、体系化、智慧化，没有统一体系的治理是城乡分割的治理，很难打破信息孤岛、构建共享共治的社会治理新格局。以现代化的信息技术为支撑，嘉兴市打造了"一个综合指挥中心＋四个平台＋一张网"的数字治理体系架构，实现县、镇、村有效互动，实现了"大事全网联动、小事一格解决"的社会治理新方式。"一个综合指挥中心"是指在县、镇、村设立一个综合指挥中心，对多元信息进行综合分析，实现决策统一化和行动一致化。综合指挥中心将信息收集与行动进一步分解，将县"部门"化。形成综合治理、市场监管、综合执法、便民服务"四平台"，平台拥有标准化治理规范和基本功能，但同时各平台之间也具有互联工作机制，实现"集体协作"。在平台之下，将治理进一步网格化，按照一个网格"一长三员"的标准配置人员，构建"全科网格"，实现"微治理"。基于此，嘉兴实现村、镇、县逐级上报与逐级决策的传统治理方式向基于"一张网"（互联网）的全域社会网络治理体系转变。

### 2.创新多元主体参与渠道

为了体现基层治理架构在社会治理中的重要作用，实现与"三治"充分融合，嘉兴注重"亮点"打造，桐乡市"乌镇管家"和秀洲区"店阿叔"就很具代表性。乌镇作为全球互联网大会的永久举办地，在吸收借鉴桐乡"三治"融合的基础上，构建了综合治理、市场监管、综合执法、便民服务"四平台"，运用互联网技术，实现纠纷数据收集与社会调解纠纷资源智能对接，将"自治、德治、法治"融入其中，实现"智治"。"乌镇管家"在"四治"融合上更加突出将司法环节融入互联网中，用于群众矛盾纠纷解决。主要的做法有两点：一是构建网上微法院，开启案件全程网络办理；二是构建多元化的矛盾解决方式，在起诉前对案件进行充分调解，调解方式包括但不限于行政调解、仲裁调解、司法调解、人民调解。相比于"乌镇管家"，秀洲区"店阿叔"更加体现了德治在村民纠纷中的重要调解作用。"店阿叔"是在治理体系下将乡贤、老党员、志愿者及店当家吸引到"店阿叔"调解团队，充分发挥左邻右舍的熟人效应及德治教化作用，形成"友邻善治"最小单位，促进乡域社会治理现代化。

**3. 创新基层群众参与议事协商制度化渠道**

自治的主要运行机制是基层群众的主动参与、协商、公开、监督等。因此，自治在传统运行中存在"六步法"（肖滨，2020），即"基层群众'报'事、征询意见'谋'事、公开透明'亮'事、回访调查'审'事、村民表决'定'事、全程监督'评'事"，这个"六步法"使传统基层治理实现了规范化、可操作化。然而在这个程序化的治理链条中，各个阶段存在着较高的成本，如时间成本，以致基层的一些小纠纷和小事务很容易被搁置，群众主动参与性不强。同时，由于治理程序具有"刚性"，无法应对诸如安全隐患、突发事件等应急性事务，因此自治需要与"智治"融合。

在"四治"实践中，嘉兴创造性地在基层治理框架下打造了线上治理"三步法"的"微嘉园"平台，为基层群众报事、办事、评事提供了制度化渠道，让基层群众主动参与治理，实现智治与自治充分结合。"微嘉园""三步法"可以总结归纳为基层群众线上报事、服务组团线下服务、基层群众线上评分。"微嘉园"平台专门设置了报事模块，收集社情民意，然后基于网格归属划分，由网格、村（社区）、区（镇）等视事情重要程度进行逐级消化分流，形成"漏斗式"事务解决机制，同时分属于不同层级的服务团体在接到群众"报事"后会快速响应，线下服务，实现"秒回快办"，处理结果由群众线上打分，从而构筑了一套行之有效的社会治理机制。通过"微嘉园"的引导，"大事一起干、好坏大家判、事事有人管"的桐乡"三治"融合实践开始呈现新时代基层治理的新面貌，使"智治"与"三治"充分融合，形成了新的治理体系与治理机制。

## （二）探索积分制新模式

群众主动治理是乡村治理自治的根本，也是市域治理现代化的基石。近年来，嘉兴积极探索基层善治新模式，大力推行基层善治积分制改革，不断演化创新，从平湖市"股份分红＋善治积分"乡村治理模式，到利用善治积分数字化管理平台创新"四治"融合，实现了将行政层级的目标管理责任制向基层治理下沉的创新，完善了"四治"融合的治理机制，也使得"四治"融合具有强劲的内生动力。从调研来看，积分制的现实意义值得总结。

### 1.建立目标管理责任制有效下沉的新机制

当前，我国普遍在行政层级中实施的"目标管理责任"是一种典型的行政责任制。具体来说，目标管理责任制就是在行政体制下，某一行政层级为完成一定既定目标而将其逐级分解，并与行政下一级签订目标委托合同，约定在一定时间内完成既定目标，并根据目标完成情况给予奖惩的管理制度。这种"目标管理责任制"管理方式在我国基层治理中具有重要现实意义，尤其在乡村治理中，县和乡（镇）主要是通过与村主任签订目标委托合同的方式将村上一级的各项发展目标执行下去。值得注意的是，这种行政责任制体现了政府通过自上而下的行政体制促进农村发展的治理过程，但常常由于缺乏群众的主动参与而无法将政策目标在村内完全落地，使政策执行有偏差。嘉兴积分制度探索在这方面创造性地与群众进行签约，实现了目标管理责任制的延伸，也实现了群众责任制的概念创新。

从积分制的实践来看，积分制合同包含的主要是可以量化的目标，例如农户获得的荣誉数。进一步的目标可以分为固定指标和灵活性指标。固定指标主要是每年的积分中都保持相对的稳定，而灵活性指标会根据每年的政策和情况进行及时调整，例如2020年出现的新冠肺炎疫情，指标当中就包含诸如积极配合疫情防控、居家隔离等积分指标。积分制合同也明确了奖惩办法。奖励分为"物质奖励"和"精神奖励"。物质奖励是对基层群众按期完成目标而获取的现金奖励，而精神奖励是县乡村颁发的各项荣誉，例如好人榜。从实际的运行来看，积分制将基层群众与目标管理责任各项目标的完成情况紧紧联系在一起，也将基层干部与基层群众捆绑在一根绳上，为了共同的目标和利益，相互配合将目标管理合同的目标真正落实。从这一点来说，积分制与中国农民的"捆绑式的权利义务观"相融合，促进了治理中干群关系的紧密化，即村干部通过敦促和监督村民完成发展目标，同时通过情感和利益协同来规制村民，提高治理效能。

### 2. 创新群众自觉参与的激励方法

高质量、高水平的基层自治在于群众自我管理、自我教育、自我服务。然而现实中，群众的自觉性却由于缺乏有效的治理手段而流于形式。实践证明，利益诱导是基层治理中最为有效的手段之一，即基层组织可以赋予基层群众一些利益与基层发展的各种目标联系起来，以促使基层群众遵守基层治理中的各项要求，履行基层群众对某一行政层级的义务，如果基层群众不遵守，就无法获取基层组织给予的利益。

从嘉兴积分制的实践来看，这种利益既包括通过积分获取的普惠性物质奖励，还包括一些特别性的奖励，比如通过积分获取的信用贷款"善治积分贷"。具体来说，"善治积分贷"是一种将积分作为治理手段，与村民贷款联系在一起。具体做法是银行会依照村民的善治积分情况换算成授信额度和利率，村民在平时的基层公共事务中所积累的分数越高，授信额度就会越高，利率也会越低。可见，通过多种积分奖励方式，解决了基层治理中的诸多困境，对基层群众起到了激励、动员的作用，在很大程度实现了群众自我管理、自我教育、自我服务。

值得注意的是，对于积分制在乡村治理中的运用，从目前来说，主要是通过村民协商的村规民约来作为奖励的基本规范，虽然各个村庄会存在一定明显的差异，但可以肯定的是积分制在一定程度促进了村民对于村规民约的认可，也使得村规民约发挥了本身内在的规制作用，逐步发展成为村民心中的一种社会规范，提高了村民对于公共规则的吸收，也是一种高质量、高水平自治的表现。

### 3."积分制"有利于推动"四治"融合。

积分制有力推动了"四治"融合，在于嘉兴创造性地将积分模块嵌入数字治理体系中，既发挥了积分的促进作用，又将积分的多元应用嵌入线上，形成自治与智治的良性循环。"善治宝"就很具有代表性。原始的积分制需要人工积分和现场监督，既耗费人力也耗费时间，并且在发挥积分作用时存在着时间与验证阻隔，因此"善治宝"

应运而生。"善治宝"是嘉兴基于数字化治理框架体系构建的一款针对农村居民积分运作和使用的电子平台,体现了乡村治理智治趋势,主要特点在于积分可以实时上传、实时监督、实时使用。并且它进一步设置了相关模块,例如"三务公开"模块,在某种程度上实现了乡村治理线上化。由于这些优点,数字化积分模块已经被其他平台所广泛采用,如"乌镇管家",成为嘉兴基层治理体系架构下的重要组成部分,特别是它与群众报事模块相联系,极大地促进基层群众报事热情,也促进了"四治"融合的向心力。

## (三)"微治理"使治理单元更细化,提高治理效能

精准治理是提升社会治理效能的重要途径。所谓治理效能,指个体治理参与行为所拥有的或能够拥有的对治理过程的影响。从这一界定出发,通过精准治理及时回应社会诉求,有利于提升居民治理效能感,进而激发其社区治理参与的积极性、主动性,促进基层社会治理长效发展。党的十八大以来,嘉兴在网格化治理的基础上,创新运用"微治理"的基层社会治理模式,通过"微党建""微项目"等深化"微治理"的基层社会治理实践,并以"微治理"带跑"长效治理",加快实现市域治理现代化。

### 1. 以"微党建"推进"微治理",通过党小组建在"微网格"上,让基层党建覆盖每个"基层细胞"

基层党建是深入落实党的群众路线,提升基层党组织联系、服务群众能力和发挥其在基层社会治理中的领导核心作用的关键。近年来,嘉兴在原有社区网格的基础上,进一步细化划分"微网格",选举党员、热心居民和物业骨干担任微网格长,将党员力量更深入地渗

透到微网格中，进社区为居民服务并发挥其先锋模范作用。同时，嘉兴在"微治理"过程中，还十分注重激发老党员的工作动能，积极推动退休干部党员进社区报到，建立社区"银晖支部"并引导名老党员担任微网格长，在网格中常态化开展活动。立足于"微网格"基础上的"微党建"和"微治理"，一方面有效解决了部分新小区工作人员"上门难"的问题，深化了党群、干群联系；另一方面，微网格长就近就地融入居民议事会、网格议事会、楼栋议事会，并以工作室、服务团等形式，助力市域社会治理，促进社会和谐。截至2021年6月，嘉兴市共建立4559个网格和近9.2万个"微网格"；建立社区"银晖支部"90余个，并以支部为单位，建立了631支志愿服务队。"微党建"在为基层党员提供服务群众平台的同时，也有利于通过嵌入组织骨干的方式，引导基层群众以"微网格"为载体提高组织化水平。从这一角度看，"微治理"是新时代基层自治创新应用形式，有利于进一步激发基层群众治理动能，服务于治理有效格局的建立。

**2. 以"微项目"撬动"微治理"，通过打通服务群众的"最后一纳米"，解决好基层民众的"关键小事"**

关注民生、服务群众是市域治理的应有之义。在治理资源有限的情况下，要尤其注重解决好基层群众最关切的事，在此意义上，项目制的优势凸显。传统意义上的项目制旨在通过国家财政的专项转移支付等项目手段，突破以单位制为代表的原有科层体制的束缚，遏制市场体制所造成的分化效应，加大民生工程和公共服务的有效投入。嘉兴在基层社会治理实践中，以群众需求为导向整合各类社会资源，积极推进民生服务"微项目"，创新性地将项目制的权宜、灵活等优点运用到市域治理中，解决好基层群众的"关键小事"。如平湖市如意社区作为一个典型的城市复合型社区，社区内老年人、低保户、残疾人等特殊群体经常面临找不到回家路的困扰。为此，社区党委整合社区内部各类资源，免费为部分失智和独居老人发放智能暖心手环，有利于社区及时了解老人情况，并为其提供必要服务。梅兰苑社区作为一个典型的农拆小区，管理难度大、社区脏乱问题突出。为此，社区启动"楼道微自治和谐 e 家亲"项目，构建了一支以党员为主、年龄结构合理、文化层次较高的楼道长队伍，并建立了"网格长＋楼道长"和"楼道长＋本楼道居民"两级即时沟通微信群平台，带动居民真正参与其中。总体而言，"微项目"有效弥补了科层体系下基层自治单位回应不及时的缺点，有利于形成以居民需求为导向的服务格局，最大限度发挥了"微治理"的长处。

**3. 以"微治理"带跑"长效治理"，通过将"三治"融合理念融入微网格精细化管理，激发基层民众治理动能**

长期来看，有效治理格局的建立关键在于形成组织引领、群众参与、制度保障的长效治理机制，以克服治理过程中的"运动化"缺点。然而实践中，由于缺乏必要的制度建设和居民基层社会治理参与，政府在市域治理中的主导地位尤其突出，甚至演化成"唱独角戏"的局面，这在提高行政效率的同时，往往呈现运动式治理的特点，降低基层社会治理效能。为此，嘉兴在"微治理"过程中，积极探索将"三治"融合的治理理念融入微网格精细化管理之中，通过激发群众自治活力，让"自上而下"的政策变为"自下而上"的自觉行动。

具体实施中，主要采取了以下措施：一是夯实"微治理"的人才基础，将街区大网格细分为多个小网格，由社区干部、小组长、志愿者分别担任大网格长、"三治"便民网格长和"三治"便民微网格长，形成"大网格带小网格、小网格带志愿者"的服务新模式。二是以数字乡村建设为契机,组建"'三治'便民微网格"网络平台,通过微信群等方式强化干群沟通联系,以基层群众所思、所想、所盼、所求为导向,做好下沉式服务,满足居民服务诉求。三是以考核机制建设为抓手,强化基层治理制度建设。各社区根据自身实际制定考核激励机制。一般而言,每月由网格长、道德评判团、百姓议事会联合会议对"'三治'便民微网格长"进行打分评定;"'三治'便民微网格长"实施积分制管理,并设公益活动、组织活动、下沉式服务等 5 个积分事项,将其积分作为评先创优的重要依据。

# 三 推进市域社会治理现代化的目标与发展思路

社会治理现代化是国家治理现代化的基础与重要部分,新时代的"嘉兴经验"从传统基层群众的被动参与向群众主动参与转型,从传统的社会宏观治理向"微治理"转型,从传统的"三治"融合向"四治"融合转型。"嘉兴经验"将"三个转变"有机融合,呈现嘉兴市域社会治理现代化的三个目标方向,结合《中共中央 国务院关于加强基层治理体系和治理能力现代化建设的意见》《国民经济和社会发展第十四个五年规划和二〇三五年远景目标纲要》《关于推进市域社会治理现代化的意见(试行)》(中政委〔2020〕9 号)《浙江省数字化改革总体方案》(浙委改发〔2021〕2 号)中的主要目标,提出嘉兴市域社会治理现代化的具体目标与任务,争取在 2025 年之前全面实现市域社会治理现代化。

## （一）嘉兴市域社会治理现代化的目标

**1. 在从传统基层群众的被动参与向群众主动参与的转型中，完善市域社会治理协商制度，加强市域协商民主，增强基层群众议事协商能力，提高基层群众参与治理程度及满意度**

完善市域社会治理协商制度。党委和政府应围绕城乡融合治理构建从市到县、从县到镇、从镇到村的民主议事协商体系、协商重点与责任清单，完善各级民主议事方式，注重发挥数字治理的多样化优势，促进多元主体的参与与协商，突出基层党员、人大代表、政协委员作用，统筹基层文化权威、道德权威与经济权威的带动与组织能力。完善关系基层群众福祉事项的听证制度与群众组织制度，实现"基层群众参与 + 服务型政府观念"相结合的市域社会治理模式。到2025 年，群众协商满意度大于 80%，"两代表一委员"参与社会治理的平台渠道得到创新，"有事好商量""众人的事情由众人商量"的制度化实践广泛开展，县级以下信访问题和矛盾纠纷就地化解率超过95%，村（社区）议事协商载体建成率达到 100%。

**2. 在从传统的社会宏观治理向"微治理"转型中，增强乡镇（街道）行政能力、为民服务能力、应急管理能力及平安建设能力**

"微管理"要有治理单元，突出乡镇（街道）对"微治理"主体的综合协调作用。乡镇（街道）要综合运用综合管理权、统筹协调权、应急管理权及平安建设能力，发挥"微治理"的"微政府"作用，实现网格化管理与精细化服务。在为民服务方面，突出服务柔性及服务标准，构建乡镇（街道）行政服务范围。服务突出标准，是为了实现有效监督，避免"盲干"的取向。在"微治理"服务标准公开化后，应着力构建"随机—公开"监督模式，这一点在嘉兴市域社会治理现代化的建设中应该十分注意。这意味着，服务好坏的标准由"微治理"网格中的群众决定。由于网格的细化，"微治理"的服务必然呈现网格个性，这一点既可以满足群众的特色需求，也可以提升群众满意度。值得关注的是，在增强乡镇（街道）行政能力、为民服务能力的前提下，也要注意应急管理能力建设，发挥"微治理"在这方面的突出作用。提高"微治理"的应急管理能力，要在"微治理"中细化网格化应急预案、风险识别与预警机制。同时，在"微网格"中构建应急管理队伍和物资储备保障，在乡镇（街道）的组织下定期开展应急演练。政府要在"微治理"的外围构筑应急物质保障，构筑乡镇（街道）应急管理的第二道保护屏障。在平安建设能力提升方面，乡镇（街道）要发挥"微治理"的网格作用，将各种主体及资源纳入网格中，实现网格纠纷一格式解决，发展新时代"枫桥经验"。到2025年，城市社区综合服务设施覆盖率达到100%，可直接办理或代办政务服务事项村（社区）比例达到100%，群众对本市平安建设满意度超过98%，市级平安镇（街道）创建成功率达到100%，"微网格"党组织覆盖率达到100%。

3. 在从传统的"三治"融合向"四治"融合转型中，应进一步创新"三治"，并实现智慧治理与"三治"融合，从而在两个层面持续推进

党的十八大以来，"现代国家治理体系"成为了我国基层治理的发展方向，同时党的十八届三中全会提出"创新社会治理体制"。从基层治理的历史及发展经验来看，任何治理方式都不是一成不变的，不同的历史时期不同的区域位置对于基层治理的要求也不同，因此要想在市域范围内创新基层治理方式，必须因地制宜，审时适度地实施。当前"三治"融合的基层治理方式是符合我国普遍实际的，创新

"三治"融合需要结合具体地区实际情况。要创新"三治"融合，首先要对自治、法治、德治的科学内涵有足够深入的把握；其次，要在自治、法治、德治的各个方面实现创新；最后是推进"三治"融合的方式。这是第一层面，是嘉兴在从"三治"融合向"四治"融合转型中需要注意的第一要务。对于第二层面，嘉兴应更加关注"三治"融合的智慧实现问题。在这方面，嘉兴应继续深化市、县、街道、村各级信息系统建设，加强系统整合和数据安全，尤其是整合数据资源。可以开展"互联网+"基层治理活动，目的是构建基层治理数据库，推动各数据库间的共享，实现数据采集标准化与使用多元化。在此基础上，进一步拓展"三治"融合应用场景，更加关注一些特殊人群，比如老人、儿童等，使其在受到个体约束的前提下也能够很好地参与智慧治理，使智慧治理具有平等性及共享性。到 2025 年，公共数据平台数据共享需求满足率达到 99%。

## （二）发展思路

### 1. 注重"四治"中党在基层执政方式的实现形式，切实巩固党在基层治理中的核心地位，高质量推进嘉兴市域社会治理现代化

基层党组织是"四治"最重要的主体组成部分。党的十九大指出"坚持党对一切工作的领导"，体现了农村基层党组织对于基层事务的领导地位。党的二十大报告提出"增强党组织政治功能和组织功能""坚持大抓基层的鲜明导向""把基层党组织建设成为有效实现党的领导的坚强战斗堡垒"。如何充分发挥基层党组织在"三治"实践中的领导核心作用？这意味着首先要加强基层党组织建设。从调研的实际情况来看，在加强基层党组织建设时，要注重激励，更要重视

约束，做到激励与约束并举；在突出党员先锋模范作用的同时，更要把"权利关进牢笼"。既要通过党组织"星级化"管理和党员积分制度实现党组织有效运行、履行党员义务，也要通过考评实现与绩效相联系，设计切实可行的党组织办公经费审批制度和党员干部报酬待遇增资制度。其次，注重基层党组织执政方式的实现形式。在处理基层党组织与市场之间的关系时，做到基层党组织"法无授权不可为"，让市场主体"法无禁止即可为"，达到放管结合，实现法治下的兜底，党组织统揽，调动基层主体的积极性，为经济的发展不断注入新动力。在处理基层党组织与基层文明建设之间的关系时，通过基层党组织领导建设以规立德、以文养德和乡风文明的德治建设体系，纠正"信访不信法"、"大闹大解决，小闹小解决，不闹不解决"、知法犯法、赌博滋事等现象。在处理基层党组织与基层公共服务关系时，通过自身组织，克服基层政府在村级公共服务管理上的缺位问题，提升服务，充分发挥村级公共服务场所功能（如妇女之家、儿童乐园等），满足农村居民现实需求。

## 2. 完善市域社会治理中基层政府与村委会权责关系

通过对自治、法治、德治的科学含义的考察，可以深刻地了解到法治和德治在基层自治过程中需要通过主体、客体和规则等载体来实施，是在基层自治中各方面的治理主体内依法、依道德规范的自我管理、自我教育和自我服务，是依法、依德在相互主体间的相互支撑、相互协调和相互制约。因此，自治是德治和法治的载体，德治和法治是自治的基础和框架。在从传统的"三治"融合向"四治"融合转型中，首先要突出法治的主导性，然后再谈德治如何填补法治在基层自治中有可能的缺位和德治为先的必要性。换句话说，法治是框架性的，需要人去执行和实现，同时人的执行和实现有的时候是不完美的，需要德治进一步支撑。例如，法治在村民自治实践过程中的主导性突出了两个层面的理解，一是法律规定下的自治，也就是依法自治；另一个是行政制度下的自治，也就是依规自治。在实践过程中，法治在第一个层面是没有问题的。根据 1982 年《中华人民共和国宪法》，自治可以被界定为"在一定居住地的人民群众在基层党组织的领导下，建立群众自治组织依法进行自我管理、自我教育和自我服务"，再如《中华人民共和国村民委员会组织法》规定"村民依法办理自己的事情"，表明村民自治是有法律基础的，要求在这一框架下村民权利的行使不可与法律相抵触，以不违法为前提。难在就难在在第二层面，行政制度下的自治（主要是基层政府与村委会）的权责边界不是很清晰。《中华人民共和国村民委员会组织法》规定，"乡、民族乡、镇的人民政府对村民委员会的工作给予指导、支持和帮助，但是不得干预依法属于村民自治范围内的事项。村民委员会协助乡、民族乡、镇的人民政府开展工作"。这表明基层政府可以对村民委员会给予指导、支持和帮助，但给予指导、支持和帮助的范围不是十分清晰，需要对基层政府与村委会之间的权责进一步梳理。基层政府是通过机构改革设立专门的部门帮助村委会，还是通过直接的行政指令帮助和服务村委会？现在不是很清楚，也没有相关法律法规条文做出解释，在实践中存在模糊性，各个地方都在按照各自的理解处理基层政府与村委会之间的关系，呈现多样性和复杂性。同时，在实际中，村委会协助基层政府开展工作，实际上是作为实施的主体，因为所有的行政机构在村内都没有驻村机构，比如医疗卫生机构等。

因此，要从传统的"三治"融合向"四治"融合转型，第一要从对基层政府与村委会权责关系的梳理开始，进而依法行政，然后要对基层政府的农村居民服务内容进行梳理，进而依法服务。第二，依据

《中华人民共和国宪法》和《中华人民共和国村民委员会组织法》设置自治各方面代表的权力清单、责任清单，尤其是执法人员和执法辅助人员的权责范围，做到"法无授权不可为"，防止暴力执法的出现。第三，要运用现代化的信息手段，构建"大数据、互联网、云计算＋农村基层社会治理综合执法"模式，健全细化工作机制，对于各类风险进行提前预防，信息共享，促进部门联动。第四，要推进执法力量下移，实现网格化管理，建立全面覆盖农村学校、街道的农村基层社会治理综合执法服务站。适时推进法律专业人员进村轮岗制度，使法律服务、纠纷调解融入农村基层，增强法治的覆盖力。

### 3. 提升"微治理"中的德治能力

从调查来看，嘉兴在从传统的社会宏观治理向"微治理"转型中，增强了乡镇（街道）行政能力、为民服务能力、应急管理能力和平安建设能力，但德治能力还比较弱，尤其是"微治理"中的德治能力还有待加强。要加强"微治理"，可以借鉴"枫桥经验"，按照民主化的原则，建立以规立德、以文养德、以舆论监督促德的网格德治建设体系。在以规立德方面，要结合贯彻《社会主义核心价值观体系建设实施纲要》和《浙江省公民道德建设纲要》，通过梳理道德标准，提升网格化社会公德、家庭美德与职业道德。加强网格内法制硬约束与德治软约束共治，提出德治可操作性的社会规范，制定合理的乡规民约、行业规章、职业制度、社会组织章程，实现以规立德。在以文养德方面，广泛开展基层文化活动，用优秀的文化传统熏陶提高基层群众的整体文化素质和道德修养。通过网格内文化活动弘扬传统美德，引导广大群众明理、知耻知辱、趋善。在以舆论监督促德方面，加强网格内身边好人好事评比、道德模范评比、文明人评比。构建网格道德大讲堂，推行"一网格一道德宣讲人"制度，充实德治人员力量。

# 第七章　城乡生态环境治理一体化

城乡生态环境治理一体化是城乡一体化的重要内容，对于全面践行绿水青山就是金山银山发展理念、推进生态文明建设具有重要的意义。

嘉兴市作为长三角城市群中一个不容忽视、不可或缺的城市，早在 2003 年就将"城乡一体化"确立为经济社会发展的"五大战略"之一，按照习近平总书记提出的嘉兴"成为浙江省乃至全国统筹城乡发展的典范"要求，率先制定实施了《嘉兴市城乡一体化发展规划纲要》。经过多年的实践探索，嘉兴市统筹城乡发展取得了显著成效，城乡差距不断缩小，城乡生态环境治理一体化取得积极进展，城乡经济社会协调健康发展。新发展阶段，围绕打造国家城乡融合发展试验区、扎实推进共同富裕，嘉兴市开始了新的探索、新的实践。

本章在对嘉兴市城乡生态环境治理一体化历程进行阶段划分的基础上，系统分析嘉兴市城乡生态环境治理一体化的做法、成效及经验，剖析新发展阶段高质量推动生态环境治理一体化面临的挑战，并提出相应的对策建议。

# 一　城乡生态环境治理一体化的基本历程

系统分析嘉兴市实施城乡生态环境治理一体化的实践过程，可以将其划分为三个不同的阶段，即实践起步阶段、深化突破阶段、深度融合阶段。

## （一）实践起步阶段（2004~2007 年）

2003 年 7 月，浙江省正式实施"八八战略"，为嘉兴市确立城乡一体化发展战略提供了根本遵循。2004 年，嘉兴市编制了《嘉兴市城乡一体化发展规划纲要》和 6 个专题规划，对城乡空间布局、城乡基础设施建设、城乡产业发展、城乡劳动就业与社会保障、城乡社会发展、城乡生态环境建设与保护六个方面进行了顶层设计，由此拉开了嘉兴市统筹城乡生态环境建设与保护的序幕。

## （二）深化突破阶段（2008~2017 年）

2008 年，浙江省委、省政府对嘉兴市委以统筹城乡综合配套改革试点的重任，嘉兴市以"两分两换"为抓手，以"两新工程"[1] 为载体，全面实施"十改联动"。在城乡生态环境建设与保护方面，嘉兴市把加强水环境治理作为重点，努力推进城乡一体化供水工程建

---

[1] "两新工程"：现代新市镇和城乡一体新社区（简称"新市镇和新社区"）建设工程。

设，并注重废气、固体废物（渣）的污染整治，基本实现城乡居民饮用水同网、同质，城乡空气环境质量得到改善，污染处理能力不断提升。2012 年底，嘉兴市成为浙江省唯一所辖县（市）全部进入全面融合阶段的地级市；2013 年，嘉兴市列入国家"多规合一"试点、国家新型城镇化综合试点。为此，嘉兴市以建设"现代化网络型田园城市"为导向，通过实施"五水共治""五气共治""五废共治"等有效措施，有力地改善了城乡生态环境。

## （三）深度融合阶段（2018 年至今）

2018 年以来，嘉兴市全面践行"绿水青山就是金山银山"发展理念，制定了《关于坚定不移推进城乡一体化全面打造乡村振兴示范地的意见》《关于实施"九大工程"推进乡村振兴示范市创建的实施意见》等政策文件，着力构建以改善生态环境为核心的目标责任体系，以及多方合力攻坚的生态环保大格局，制订生态环保责任清单，加快实现市县镇三级向人大报告环境状况制度全覆盖，以创建国家生态文明建设示范市为抓手，以防控生态环境风险为底线，以打好污染防治攻坚战为突破口，进一步提升嘉兴市城乡生态环境质量，高水平推进美丽嘉兴建设。

## 二　推进城乡生态环境治理一体化的主要做法

嘉兴市在推动城乡生态环境治理一体化实践中，采取了一系列有效做法，探索出了一条符合嘉兴市城乡生态环境特点的治理之路。

## （一）落实主体责任，开展城乡生态环境多元共治

"不重视生态的政府是不清醒的政府，不重视生态的领导是不称职的领导"。嘉兴市委、市政府高度重视生态文明建设，并将城乡生态环境治理一体化作为党委政府的重要工作内容。

### 1. 全面落实党政责任，规范工作机制

2019 年，嘉兴市成立了以市委、市政府主要领导担任"双组长"的生态文明建设示范市创建领导小组和整改工作领导小组，全面落实党政主要领导"第一责任"职责和督察整改主体责任。市委、市政府主要领导与各县（市、区）党政"一把手"签订生态环境突出问题整改责任书，市县两级成立生态文明示范市创建办，抽调 230 余人集中办公，按实运作；各镇（街道）成立生态环境办公室，生态环保队伍力量进一步充实壮大。全面落实"党政同责、一岗双责"，建立市对县生态环境督察、党委政府生态环境工作"月统计、月通报、月排名、月例会"和县委书记年度述职等制度，在市对县党政目标责任制考核中，生态环境保护工作分值的比重提高到 20% 以上，并明确 35 个市级责任部门 130 条工作职责，统一了基层干部的思想认识，提高了政治站位，全面形成生态环境治理高位推动氛围。

### 2. 激励不同主体参与，助力"嘉兴模式"

企业作为城乡生态环境治理一体化的重要主体之一，其责任直接影响着治理成效，需要更加注重企业的主体责任。为此，在生态环境新标准实施之前，明确告知相关企业应依据新标准要求，对存在的问题进行整改，以推动企业履行环保主体责任。

公众参与是城乡生态环境治理一体化取得成效的重要保障。嘉兴市注重发动公众力量，多渠道动员全民参与环境共治，多平台鼓励全民参与监督，形成了持续深化生态环保公众参与的"嘉兴模式"，体现了生态环境治理中的三个"首创"，被写入 2016 年联合国环境规划会议报告。一是全国首创"民间闻臭师"。建立了一支由 4434 名生态网格员和 1366 名"民间河长""民间闻臭师"组成的基层环保队伍，实现了生态环境监督全域覆盖。二是全国首创环保设施向公众"云开放"系列展播。把环境科学和生态文明理念具体化、视觉化、大众化，让老百姓听得懂、能理解、可互动。三是全国首创地市生态环境知识"掌上学"。编制和启动微信小程序，建立"嘉兴市生态环境知识网络学习平台"，全方位、多维度地向民众展示生态环境变化。

### 3. 发挥新闻媒体作用，强化舆论引导

发挥新闻媒体作用，创新宣传模式，对城乡生态环境治理一体化成效进行宣传。一是充分利用主流媒体的引导力、影响力、传播力，播放生态环境治理一体化建设成效宣传片，通过树典型、讲故事、说对比、显成效等方式，让城乡居民深感变化就在身边。二是利用读嘉、禾点点等新媒体，通过"一体策划、一次采集、多种生成、多元发布、全媒传播、全域覆盖"等方式，扩大宣传效果，凝聚社会共识。三是大力支持舆论监督。在《嘉兴日报》、嘉兴电视台开设"聚焦污染防治攻坚战"和"一线调查·聚焦污染源"等栏目，集中曝光一批典型的生态环境问题，并拍摄了《嘉兴市生态环境问题警示片》《长江口非法倾倒垃圾案启示录》等，让公众知情，便于发挥有效的监督作用。

## （二）规划示范先行，推动城乡生态环境空间合理布局

嘉兴市坚持规划先行理念，不断提高规划设计水平，优化城乡生态环境空间布局，为实施城乡生态环境治理一体化提供保障。

### 1.以规划引领优化空间布局

为实施城乡生态环境治理一体化，嘉兴市先后制定了《嘉兴市生态文明建设规划》《美丽嘉兴建设规划纲要》《加快推进环境治理体系和治理能力现代化 夯实"五彩嘉兴"生态绿色基底的实施意见》，并编制了《国土空间生态修复专项规划》，围绕"全区域、全要素"，统筹考虑农田、村庄、低散乱企业、生态环境等重点领域的整治，加快构建"农田集中连片、农业规模经营、村庄集聚美丽、环境宜居宜业、产业融合发展"的新格局，城乡空间布局得到优化。为推动城乡生态文明建设，嘉兴市又出台了《高水平推进新时代美丽嘉兴建设规划纲要（2020~2035年）》和《嘉兴市生态环境保护"十四五"规划》，坚持以"生态经济化，经济生态化"为导向，着力推进城乡生态环境治理一体化。实施深化城乡融合先行区"3+1"规划，形成了城乡融合发展规划体，也为城乡生态环境治理一体化发挥了引领作用。

### 2.以示范项目推进共建共享

近年来，嘉兴市以推进城乡融合项目建设为抓手，逐渐构筑起"绿色田园、古朴乡村、现代城镇、小桥流水"融合共生的水乡格局。如，实施"百镇样板、千村美丽"工程，统筹推进美丽城镇、美丽乡村、美丽河湖、美丽田园、美丽牧场等示范创建，推动城乡形态跃升。

### 3. 以"三线一单"强化环境监管

根据浙江省委、省政府的战略部署，嘉兴市编制了"三线一单"[1]，并出台了《嘉兴市"三线一单"生态环境分区管控方案》。根据嘉兴市发展战略定位，聚焦生态环境、资源能源、产业发展等领域存在的突出问题，划定生态空间，确定大气环境、水环境质量底线目标和土壤环境风险防控底线目标，科学确定能源、水资源、土地资源利用上线，在环境资源要素分区的基础上划定了功能明确、边界清晰的环境管控单元，同时提出生态环境准入清单，为高质量推动城乡融合发展提供了依据。

## （三）突出改革赋能，突破城乡生态环境治理壁垒

"创新推动，就是要通过创新理念、创新技术、创新机制和创新管理，推动重点建设迈上新台阶。"嘉兴市积极探索、大胆创新，形成了城乡生态环境治理一体化发展格局。

### 1. 以理念创新引领城乡生态环境治理

党的十九大和二十大报告均强调，人与自然是生命共同体，人类必须尊重自然、顺应自然、保护自然。嘉兴市全面树立大环保理念、协同治理、全域治理理念，推动人与自然、经济和社会的和谐发展。贯彻落实长三角一体化发展国家战略，出台了《嘉兴市推进长三角生态环境保护一体化发展专项行动计划（2020~2025）》，提出了推动长三角生态环境保护一体化发展的具体措施，为实施城乡生态环境治理一体化提供了指南。

---

[1] "三线一单"指生态保护红线、环境质量底线、资源利用上线和生态环境准入清单。

## 2.以机制完善推动城乡生态环境治理

嘉兴市通过机制创新，有力地推动了城乡生态环境治理一体化。一是新型污染防治机制。嘉兴市制定出台了《嘉兴市生态环境损害赔偿制度改革方案》，在全国率先建立排污权交易制度，建立了"政府监管、市场激励、社会约束"的新型污染防治机制，并形成了以排污权交易制度为核心的环境资源要素市场。二是生态环境问题发现机制。采取"三大十招"[1]工作方式，着力破解"发现不了问题"的难题，推动了生态环境质量持续改善和风险隐患明显下降。三是生态环境风险防控机制。通过聚焦事前、规范事中以及紧盯事后等方式，将生态环境问题纳入风险指标，构建风险防控评价体系，探索建立生态环境风险防控机制。四是生态环保督导机制。研究制定了《嘉兴市贯彻落实中央环境保护督察反馈意见整改方案》《嘉兴市贯彻落实浙江省生态环境保护督察反馈意见整改方案》以及《生态环境保护督察市整改督导工作方案》，组建督导检查组，每月至少开展一次问题整改情况的专项督导，以推动生态环境问题的有效解决。五是市域内毗邻区域执法监管一体化机制。按照《嘉兴市全域实施跨界执法一体化行动方案》，借鉴长三角一体化示范区统一执法的制度，推进毗邻区县跨界联合执法工作。六是流域生态补偿机制。建立市区饮用水水源地保护生态补偿机制、上下游横向生态保护补偿机制试点工作，有效促进区域水环境的保护和治理。

---

[1] "三大十招"指大排查、大整治、大曝光等"三大"行动，群众投诉举报查、镇村网格（片长）查、市（县）生态办暗访回头查、市（县）行业主管部门条线查、电视曝光媒体查、环保组织民间查、无人机（船）高科技查、县（市、区）交叉查、公检法环联合查、重点区域盯住查等"十招"。参见《生态嘉兴　全民共享丨三大十招！嘉兴打好环境问题发现"人民战""科技战""持久战"》，嘉兴人网，http://www.jiaxingren.com/folder22/folder343/2021-06-25/831946.html，2021 年 6 月 25 日。

### 3. 以制度创新保障城乡生态环境治理

在推动城乡生态环境治理一体化实践中，嘉兴市实施了一系列制度创新，取得了显著成效。一是"一证式"管理制度。嘉兴市实施污染物排放总量控制，扎实推进排污许可证改革国家试点，实行源头准入、过程控制、末端管控"一证式"管理，率先在造纸、制革、印染三个行业发放全国首张排污许可证。二是数字化管理制度。嘉兴市加快推进生态环境保护领域的数字化转型，建立浙江省首个排污许可证颁发后的执法监管系统，将取得排污许可证的企业全部纳入"云监管"。

### 4. 以技术创新提升城乡生态环境治理

嘉兴市借助先进技术提升城乡生态环境治理质量。一是采用无人机遥感技术对企业环保设施运行情况等进行现场巡查，提升了执法精度。二是将信息化、自动化领域的相关技术进行集成，实时采集水稻种植区土壤环境、稻田水位等系统数据，即时传输到数据云平台，并通过设置/编程作物模型，全自动精准感应田间实际水层深度。同时，在生态沟渠建设中配备太阳能量控一体化闸门，实现农田生态管理数字化。

## （四）加大资金投入，强化城乡生态环境治理保障

实施城乡生态环境治理一体化需要大量的资金投入作保障。嘉兴市一方面统筹城乡生态治理的资金需求；另一方面拓宽融资渠道，保障城乡生态治理的资金需求。

### 1. 统筹城乡生态环境治理的资金需求

嘉兴市从两个方面统筹城乡生态环境治理的资金需求，一是对各类项目所需资金的统筹。2020年，市级财政共统筹安排资金约11.32亿元（含省级以上补助资金），用于污水设施建设和运营、饮用水源

地生态补偿、空气监测设施建设、燃煤锅炉及柴油货车淘汰补助、新能源汽车推广应用补助，生活和餐厨垃圾处置、垃圾处理设施建设、环卫和垃圾分类等方面。同时，历年来已累计投入超过 600 亿元，实施全域土地综合整治工程，助力"五水共治""五气共治""五废共治"等，推动了城乡生态环境的改善。二是对城乡生态环境治理所需资金的统筹。2020 年，嘉兴市安排农业绿色发展资金 4000 万元，用于土壤污染防治以及耕地保护等；投入美丽乡村建设资金 1 亿元，用于农村生活污水设施建设及运营，全面提升农村人居环境质量。同时，投入相应资金，用于农村绿化、农业废弃物资源化利用。

**2. 拓宽城乡生态环境治理的融资渠道**

嘉兴市创新环保投入机制及筹集方式，拓宽环保资金融资渠道。一是积极争取政策资金支持。基于对国家、省级相应政策的深入研究，结合嘉兴市城乡生态环境治理一体化的实际需求，有针对性地争取资金支持。2020 年，嘉兴市累计争取生态环境保护相关资金约 1.6 亿元。二是创新融资机制，畅通融资渠道，通过市县共同出资、国有企业直接投入、政府与社会资本合作（PPP）等方式，积极撬动其他资金投入，用于垃圾、污水处理等基础设施建设，提升废物处理能力。三是完善节能环保财政支持机制。嘉兴市出台支持农业废弃物、农药包装物回收和集中处置以及秸秆综合利用的办法，推进农业生态文明建设；出台污染物排放财政收费制度，促进治污减排工作；通过平台制约、政策倾斜、强化主体责任等措施，提升政府绿色采购比例。

## （五）污染防治攻坚，提升城乡生态环境治理质量

嘉兴市坚持预防为主、综合治理，着力打好污染防治攻坚战，实

现城乡生态环境治理全覆盖，持续改善生态环境质量。

### 1. 统筹城乡污水治理，改善水域环境

一是采取有效措施，系统处理生产生活污水。工业污水治理实现了全入网，重点企业刷卡排污实现全覆盖；农业污水治理采取肥药"两制"管理，推进畜禽、水产养殖等农业面源污染治理，改善农业水环境。生活污水处理通过建设"污水零直排区"，实现市域城镇污水管网全覆盖、城镇生活污水全处理。二是注重生态修复，提升水域生态质量。实施"九水连心"工程，开展南湖水质提升行动，恢复湖区生态系统多样性，改善水质生态。三是创新治水模式，实现水体质量改善。实施跨域联合治水，合力打造长三角区域治水一体化基层样板，为跨域协同治水探索实践经验。嘉兴市"跨界联合河长制"的做法入选 2020 年度中国改革典型案例。

### 2. 聚焦攻坚重点领域，再现蓝天白云

嘉兴市全面贯彻落实打赢蓝天保卫战三年行动计划，围绕实现PM2.5 和臭氧"双控双减"的目标要求，聚焦重点行业、重点区域、重点领域，打好蓝天保卫战。通过开展农作物秸秆焚烧、施工场地扬尘、车船尾气、餐饮油烟等专项治理行动，解决了一系列与群众生活密切相关的环境问题。特别是，嘉兴市制定了秸秆露天焚烧和综合利用首部地方性法规，率先出台《嘉兴市餐饮业油烟管理办法》，将空气治理纳入法治轨道，为实现区域空气质量改善提供了法律保障。

### 3. 全面改善土壤质量，筑牢健康基础

土壤质量是实现农业绿色发展、确保农产品质量安全的核心。嘉兴市注重实施耕地土壤质量的保护与提升，通过开展"摸清家底"行动，排查确定并录入全国污染地块土壤环境管理系统地块 250 个。全面实施新建项目土壤评估制度，推进重点土壤污染地块治理修复，土

地安全利用率达 100%。推进重点行业企业用地调查，及时更新相关数据，调查更新提交率居浙江省第一。同时，注重农村土地质量的保护，率先建立耕地保护补偿机制，实施城乡建设用地增减挂钩，率先开展以农房搬迁集聚、宅基地复垦为主的农村土地综合整治，率先实施农村土地全域综合整治。

**4.系统清理固体废物，提升居住环境**

一是通过实施项目建设，提升固体废物处置能力，基本实现了固废产生量与处理量的平衡。特别是，全市生活垃圾处置能力已达到 272 万吨／年，为目前垃圾产生量的 1.3 倍，曾获得浙江省委书记袁家军的"标杆"之赞。二是在浙江省率先研发应用"一般工业固废信息化监控系统"，将 9600 多家企业全部纳入信息化全链条管理。出台《关于加强一般工业固体废物规范管理和依法处置的意见》，并建立了"小微产废企业危险废物收集平台"，实现了小微企业固废管理的规范化、信息化。

**5.生产方式绿色转型，实现低碳发展**

一是加快推进"两退两进"工作。"十三五"期间，嘉兴市将"低散乱"企业整治作为重点工作，淘汰落后产能企业和落后设备。二是统筹规划园区布局，推进企业间废物交换利用、废水的循环利用，以及能量的梯级利用，提升资源综合利用水平。三是大力发展智慧能源，推广智能技术的应用，发展基于绿色分布式能源网络的消费生态新模式。四是通过市场驱动、环保约束和政策引导，推动企业绿色转型发展，以生产智能化推动制造业向用地集约化、生产洁净化、废物资源化、能源低碳化的绿色制造方向发展。五是以清洁生产和节水型企业建设为主要抓手，将其与生态文明建设相结合、与区域生态环境保护和治理相结合、与产业转型升级相结合，持续推进化工、钢铁、纺织、印染、造纸等高耗能、高耗水和高污染企业清洁生产和节水型企业建设工作。

# 三 城乡生态环境治理一体化的主要成效

嘉兴市城乡生态环境治理一体化工作的开展，显著改善了城乡生态环境质量，公众对生态环境的满意度大幅提升。

## （一）城乡生态环境质量持续改善

通过实施污染防治攻坚战，有效地改善了城乡生态环境质量，绿水青山、蓝天白云、鸟语花香、繁星闪烁的大美嘉兴基本建成。

### 1. 城乡环境质量改善取得重大突破

2020 年，嘉兴市生态环境质量公众满意度排名实现了大幅度跃升，从 2017 年浙江省第 11 位上升至第 7 位，是浙江省唯一一个连续三年实现总得分和排名"双提升"的地市。

一是水域环境质量大幅度提升。截至 2020 年底，嘉兴市域内所有河流的劣 V 类水质断面实现了全面清零，国控断面水质全部达到了 III 类，91.8% 的市控断面水质达到了 III 类，饮用水水源地全部达标，水域质量实现了历史性突破。累计创建省级美丽河湖 23 条（片），城乡水环境质量达到 20 世纪 90 年代初的水平，改善幅度位列浙江省第一。二是城乡大气环境质量全部达标。重污染天气全面消除，中度污染天气基本消除。2020 年，设区城市 PM2.5 年均浓度为 $28\mu g/m^3$，空气优良天数比例为 87.2%；臭氧浓度首次达标，大气 6 项指标实现了全面达标，改善幅度位列浙江省第一。三是城乡土壤污染综合治理成效明显。2020 年，嘉兴市纳入省级全域土地综合整治与生态修复工程 28 个，申报国家试点工程 5 个，土壤安全利用率达到 96.9%。通过全域土地综合整治与生态修复工程，实现了土壤环境质量的明显改善。

### 2. 城乡固废处置能力实现全面提升

截至 2020 年底，新增固废处置能力 587.7 万吨 / 年，固废处置能力达到 2016 年的 3 倍，成为浙江省首个生活垃圾"零增长、零填埋、不出县"的地市，朝着全域"无废城市"迈进。

### 3. 城乡生态环境风险实现逐年下降

嘉兴市顺利通过了两轮中央生态环境保护督察（2017 年、2020 年）和第一轮浙江省生态环境保护督察（2019 年），提前完成了 2018 年、2019 年长江经济带警示片披露问题整改工作。第二轮中央生态环境保护督察信访件占浙江省的 5.1%，较第一轮督察下降 48.6%，信访下降率居浙江省第一位。强化环境风险防控，对生态环境问题应查尽查、应改尽改，实现了生态系统质量和稳定性全面提升，生态环境安全得到有效保障。近三年，市域内未发生重大环境安全事件或因环境污染引发的重大群众性事件。


## （二）城乡绿色发展水平明显提升

嘉兴市统筹城乡生态环境治理一体化，通过全域生态环境大整治，城乡环境品质得到了大提升，实现了从"脏乱差"到"绿净美"的精彩蝶变。

### 1. 美丽乡村建设成效显著

一是城乡人居环境质量显著改善。嘉兴市深入推进生活垃圾处理、生活污水处理和厕所革命，推动了小城镇环境的全面整治。截至2020年，全市 42 个乡镇中成功创建国家卫生乡镇的已有 36 个，创建成功率为 85.71%，位居全省第一；省级卫生乡镇实现县（市、区）全覆盖，省级卫生村创建成功率 100%，卫生镇、村创建率均居浙江省第一。二是美丽联创持续深化。深入实施"千万工程"，全力打造美丽乡村 3.0 版，成为浙江省美丽乡村建设"五朵金花"之一。2020年，成功创建了省级以上美丽乡村宜居示范村 93 个（其中国家级 2个）。三是美丽田园扩面提标。实施《嘉兴市推进"美丽田园"建设三年行动计划（2020~2022 年）》，累计创建农业绿色发展先行县 4个、省级农业绿色发展先行区 22 个。2020 年，实现了商品有机肥推广应用、施用量的双增长，化肥减量 9504.9 吨，测土配方施肥技术覆盖率达 96.1%，农作物秸秆综合利用率达 96.81%。化肥和农药使用强度分别比 2019 年下降 6.62% 和 5.85%，废旧农膜回收处置率达到 94.3%。

### 2. 低碳发展步伐加快

《嘉兴市能源"双控"三年攻坚行动（2018~2020 年）》和《嘉兴市用能预算化管理制度（试行）》提出了用能预算化管理、用能权交易、双控应急预案三大制度，倒逼能源结构调整、优化，实现了重点领域、重点行业和关键环节能源利用效率的提升。"十三五"时期以来，累计实施节能技改和淘汰落后腾出用能 200 万吨标煤，基本淘汰了 35 蒸吨以下燃煤小锅炉，单位生产总值能耗累计降低 16% 以上，风电、光伏清洁能源装机量超过 282 万千瓦，年发电量达 43 亿千瓦时。

### 3. 区域绿色协作深入推进

一是山海协作工程实现新进展。嘉兴市不断拓展经济陆海联动发展的广度和深度，创新"飞地抱团"模式，通过政府搭台，发挥市场机制有效配置资源的作用，实现资源、技术、人才、资金等要素的合理流动和有效整合，全部县（市、区）实现了山海协作结对全覆盖。二是全域大花园建设取得成效。基于卫星遥感的县域空间治理数字化平台（大花园数字化平台）入选省大花园实践案例，桐乡市列入第一批省级大花园典型示范培育单位，顺利通过年度评估，成功升格为建设类单位，并因大花园建设成效明显而获得2019年度省政府的相应奖励。

# 四　高质量推进城乡生态环境治理一体化面临的挑战

新发展阶段，嘉兴市要全面推进共同富裕，城乡生态环境依然是重要的内容之一，实现治理一体化仍面临诸多挑战。

## （一）城乡生态环境治理一体化的质量需要提升

一是提升生态环境质量的任务仍然艰巨。总体上来看，嘉兴市生态环境状况指数在浙江省仍处于较低水平。从大气来看，臭氧问题日益突出，浓度春、夏、秋三季都偏高；从水域来看，河道水生态健康水平不高，达到或优于Ⅲ类水质的地表水断面比例在浙江省排名仍然靠后；部分饮用水水源地位于主航道，仍存在一定的污染风险；从土壤来看，受污染耕地面积仍然较大，部分园区和企业地下水污染问题凸显，土壤和地下水污染"防控治"压力较大。

二是产业发展质量不高。当前，产业发展中一些结构性问题尚未得到根本解决，传统行业所占比例较高，用能、排污、安全等监管难度较大，单位 GDP 用水量、能耗强度等指标在浙江省排名靠后；此外，能源清洁低碳化水平不高，交通运输结构需要进一步优化，铁路、水路运输的比较优势还没有得到充分发挥。绿色发展指数排浙江省末位，实现生态环境的高质量发展任务艰巨。

三是美丽乡村建设质量需要提升。截至 2020 年底，嘉兴市美丽乡村占比仅 50%，与 95% 的规划目标仍有较大差距；仅有 3 个县（市、区）成功创建为省级美丽乡村示范县。同时，美丽乡村建设的主题特色不够鲜明，特别是与乡土气息、人文风韵等要素融合不足，普遍存在"亮点不亮、普通一般"等问题。此外，美丽乡村建成后，区域性统一规划的缺失，导致乡村旅游产品同质化严重。

## （二）城乡生态环境治理一体化的机制需要完善

一是多元化的投入机制没有建立。从实践来看，各级政府仍是生态环境治理资金投入的主体，企业还没有切实承担起治理污染的主体责任，政府主导、企业主体、社会和公众共同参与的多元化生态环境治理投入机制尚未有效建立。

二是基础设施管护机制尚未完善。长期存在的"重建设、轻管护"，对基础设施效用的发挥造成很大影响。以公路管护为例，由于农村道路大货车流量增多，路面损坏较为严重，尽管各级名义上建立了路长制，但没有真正发挥作用，从而导致路面得不到及时修复，直接影响了农村公路的正常使用、行车安全和长远发展。由于缺乏有效的参与机制，美丽乡村建设以政府部门为主，村民参与的积极性和主动性仍然不高。

三是监督监管难以落实到位。当前，镇（街道）生态环境保护主体责任落实不够，一些镇（街道）仍然没有单独设置生态环境办公室，无法落实市委"镇（街道）要集中精力抓好生态、平安'两张报表'"的要求。生态环境部门的基层执法队伍下沉镇（街道）"四个平台"后，并不能专注于生态环境保护工作，从而导致执法的力量不足。

## （三）城乡生态环境治理一体化的资金需要增加

当前，经济下行压力加大，政府大力实施减税降费，各级财政收入持续放缓，但"六稳、六保"等支出刚性增长，财政收支矛盾突出。生态环境治理任务重、目标高，资金需求量大，有限的可用财力支撑能力明显不足。同时，在财政政策体系制定中仍存在"重城市、轻农村"的现象。与城镇和工业园区相比，农村规划经费较少，且不能落地、朝令夕改的现象依然存在。

## （四）城乡生态环境治理一体化的技术需要强化

生态环境管理的信息化水平还不高，生态环境治理全面感知网络仍有待完善，智慧预测预警和溯源分析能力不足，数据协同共享和评价能力较弱，尚不能支撑实时感知监管和智慧化决策，人防、物防、技防相结合的环境污染问题发现能力有待提升，难以满足新发展阶段城乡生态环境治理一体化的要求，迫切需要加强生态环境治理领域的技术装备、人才队伍建设。

# 五 高质量推进城乡生态环境治理一体化的对策建议

新发展阶段，嘉兴市要破解生态环境治理中的困境、高质量推进城乡生态环境治理一体化，需要从理念创新、能力建设、资金保障以及宣传引导等方面采取相应的对策。

## （一）实施理念创新，提升生态环境治理水平

嘉兴市统筹城乡生态环境融合的重要着眼点是推进农业农村农民高质量发展。一是要树立健康引领的理念。生态优先、绿色发展成为时代的主旋律，生态产品消费市场需求更加旺盛。为此，嘉兴市应率先提出尊重生命、健康引领理念，提升生态产品供给能力，以满足人民日益增长的美好生活需要。二是推进产业高水平融合。挖掘农业的多功能性，推动乡村旅游与休闲度假、体育运动、康体养生、民俗特产、农业产品、特质文化和美丽交通的深度融合，培育一批优质乡村旅游目的地，大力发展乡村共享经济，延伸农业产业链、价值链。三是提升乡村规划标准。树立"全域规划、城乡融合"理念，健全县域乡村建设规划、村庄规划、村庄设计、村居设计四级体系，全面提升村庄设计和农房设计水平，着力构筑"城在田中、田在城中、城田相融"的总体格局。四是提升村庄建设风貌。充分考虑自然风光、田园景观与建筑风貌的"三大和谐度"，凸显水乡风貌、田园特质、人文特色，使"田园风光、农村建筑、乡村生活"三者有机统一，打造一批"可阅读""有记忆""能漫步"的未来乡村。按照全

域秀美、生态富美、景致精美、心灵之美、合作共美、康庄健美"六美"要求，加大推进农村人居环境整治提升的力度，强化美丽城镇、美丽乡村、美丽田园、美丽通道、美丽河湖建设，构建生产生活生态融合，人与自然和谐共生、自然人文相得益彰的美丽宜居乡村建设新格局。

## （二）加强能力建设，完善生态环境治理体系

一是增强基层生态环境责任。根据推进城乡生态环境治理一体化的现实需要，加强生态环境人才队伍建设，理顺县级层面生态环境保护部门的管理体制，实行生态环境保护综合行政区域执法。二是依靠信息化手段，提升数字化环境监管能力。通过生态环境监测能力建设，完善水质自动监测网络、土壤和地下水监测网络，扩大污染源在线监控覆盖率，加快推进固废危废处置的全过程留痕监管。三是深化环保公众参与机制。完善市县镇村四级环境信访问题发现网络体系。整合"微嘉园"、市长热线、12369环保举报热线，构建全域全时段的环保社会监督网络。加大生态环境知识培训力度，加强生态文明建设宣传，引导公民自觉履行环境保护责任。

## （三）拓宽融资渠道，保障生态环境治理资金

一是加大财政资金投入力度，着眼生态环境共保、生态文明共建，以解决重点区域的突出生态环境问题，共同提升生态环境质量和绿色发展水平。二是建立基于绩效导向的资金分配机制，将生态环境保护绩效评价常态化，将评价结果与资金配置挂钩，提高资金使用

效率。三是创新生态环境投入机制，探索跨区域生态环境治理统筹机制，健全绿色金融体系，推进 PPP 模式，增强社会资本投入生态环境治理的积极性。四是优先重点支持大气、水、土壤污染防治，生态功能区建设，城乡生态环境治理。同时，将产业类资金重点投向循环经济、新兴产业、节能环保等项目。五是加大政府绿色采购力度。加大对政府采购云平台中商品的监督力度，鼓励绿色商品入驻，并给予绿色商品搜索排名优先；鼓励优先采购绿色商品，在招投标中将绿色采购纳入加分项。

## （四）加强宣传引导，提升生态环境治理成效

一是加强政策宣传引导，注重规划引领和体制机制创新，支持鼓励具有乡土情结、乡土情怀、乡土情愫的成功人士返乡创业，激活农民参与乡村振兴的内生动力。二是开展生态产品价值评估。建立区域内自然资源确权信息数据库，完善生态产品和生态资产的评估核算机制。三是探索建立区域碳排放权的市场化交易机制，倒逼企业实施绿色化转型发展。四是发展美丽经济。引进一些真正了解乡村的高端设计团队，因地制宜挖掘乡村特色，做好乡村形象建设，打造美丽乡村高颜值，提升乡村吸引力，实现美丽乡村向美丽经济转变。

# 第八章 走向共同富裕的战略选择

共同富裕是社会主义的本质要求，是人民群众的共同期盼。党的十九届五中全会对扎实推动共同富裕做出重大战略部署，将浙江作为高质量发展建设共同富裕示范区进行先行先试。作为浙江乃至全国统筹城乡发展的典范，嘉兴城乡融合发展水平较高，推进共同富裕有良好基础。在城乡深度融合基础上推进共同富裕，明确共同富裕目标思路，建议嘉兴聚焦重点领域和任务，将城乡发展融入共同富裕发展的大格局中，创新统筹城乡发展的地方实践，进而打造高质量发展建设共同富裕示范区的先行市和排头兵。

## 一 城乡融合与共同富裕的辩证关系

城乡是人类社会矛盾运动规律的空间表达，处理好工农和城乡发展问题、改善不平等的城乡关系、不断寻求生产力进步、实现人人平等和全面发展，是城乡发展的根本取向。历史唯物主义城乡观认为城乡发展经历了"同一——对立——融合"的过程（曾长秋等，2013）。

其中，城乡分离意味着物质劳动和精神劳动的历史性分工，进一步伴随生产力的高度发展和资本主义私有制的消除，城市文明加快对传统农业社会的改造，进入城乡融合阶段。城乡融合意味着城乡二元结构矛盾的消除，是历史发展的必然趋势，呼应社会主义的本质要求。

共同富裕具有鲜明的时代特征和中国特色，是全体人民通过辛勤劳动和相互帮助，普遍实现生活富裕富足、精神自信自强、环境宜居宜业、社会和谐和睦、公共服务普及普惠，实现人的全面发展和社会全面进步，共享改革发展成果和幸福美好生活。作为中国特色社会主义现代化建设的根本奋斗目标，共同富裕是人的全面发展和社会全面进步，包括人民物质生活和精神生活都富裕，强调在高质量发展中正确处理效率和公平的关系，体现经济、政治、文化、社会、生态各方面平衡、协调和包容发展。

实现共同富裕的重点难点在农民农村，2021 年全国农村居民可支配收入 18931 元，与全国居民中间偏下收入组的人均可支配收入相当，约是城镇居民人均可支配收入的 40%。城乡融合发展要求在居民收入、财产收益、基本公共服务普及、开发建设投入等方面全面缩小城乡差距，消除地域差别、工农行业差别、居民收入差别等。因此缩小城乡收入差距，促进城乡融合，也就是推进共同富裕的过程。同时，共同富裕走在前列的地区也是城乡融合水平较高的地区，如浙江不仅居民人均可支配收入位列各省第一（不含直辖市），其城乡收入比也显著低于全国水平，嘉兴市等地更是城乡融合的典范。

可见，城乡融合与共同富裕相辅相成，城乡融合发展是实现共同富裕的必由道路，共同富裕代表城乡融合的高级阶段，是城乡融合发展的最终目标。共同富裕聚焦于解决"三大差距"（区域差距、城乡差距、收入差距）问题，其内涵更为丰富和具有概括性。以共同富裕为导向，通过构建城乡融合发展体制机制，带动农村低收入群体致富增收，统筹做好就业、收入分配、基本公共服务等方面的工作等，成为实现全体人民共享社会发展成果的重要战略举措。

# 二　嘉兴推进共同富裕的背景与基础

推进共同富裕，浙江走在全国前列，中央专门出台文件支持浙江高质量发展建设共同富裕示范区，浙江面临前所未有的重大机遇。其中嘉兴是浙江乃至全国统筹城乡发展的典范，该地立足城乡统筹建设共同富裕示范区的典范城市，取得显著成效，为探索共同富裕示范区先行市奠定坚实基础。

## （一）嘉兴推进共同富裕的背景

### 1. 共同富裕示范区的提出

在"十四五"开局、现代化新征程开启的历史性时刻，党中央做出扎实推动共同富裕的重大战略部署，开展部分地区先行先试的探索，专门出台《中共中央　国务院关于支持浙江高质量发展建设共同富裕示范区的意见》，提出到 2025 年，浙江省人均地区生产总值达到中等发达经济体水平，城乡区域发展差距、城乡居民收入和生活水平差距持续缩小，以中等收入群体为主体的橄榄型社会结构基本形成。到 2035 年，浙江省基本实现共同富裕。

浙江在实现高质量发展、解决发展不平衡不充分问题方面取得显著成效。2021年浙江居民人均可支配收入达5.75万元，是全国平均水平的1.64倍，其中城镇居民收入和农村居民收入分别连续21年和37年居各省、区、市之首。城乡居民收入比1.96缩小到1.94，连续9年呈缩小态势。居民收入水平高，城乡收入差距小，成为浙江开展共同富裕示范区建设的显著优势。鼓励浙江先行探索破解新时代社会主要矛盾的有效途径，为全国推动共同富裕提供省域范例，对于丰富共同富裕思想内涵、实现全国共同富裕和发展非常重要。

肩负新的历史重任，浙江省委、省政府对高质量发展建设共同富裕示范区做出全面部署，出台《浙江高质量发展建设共同富裕示范区实施方案（2021~2025年）》，针对推动共同富裕的体制机制、经济发展质量、收入分配结构、基本公共服务、精神文明建设、生态环境保护、绿色转型和现代化治理等方面提出了目标。在共同富裕发展目标指引下，各地加快落实和积极推进各项工作，制定共同富裕示范区行动方案，争当高质量发展建设共同富裕示范区的先行市。

### 2. 面向共同富裕的新征程

嘉兴统筹城乡发展水平连续多年居浙江首位，已经具备建设共同富裕示范区先行市的坚实基础。早在2004年，时任浙江省委书记的习近平同志在嘉兴调研时指出"嘉兴完全有条件成为全省乃至全国统筹城乡发展的典范"。嘉兴始终坚持以人民为中心，发展为了人民、发展依靠人民、发展成果由人民共享，不断缩小城乡发展差距、提升人民群众生活水平，经济综合实力、发展新动能、城乡区域发展均衡度和社会保障水平等均取得长足进步，实现"统筹城乡发展"与"推进共同富裕"目标的有效衔接，成为均衡富庶的典型地区。

以城乡高水平融合为特色，嘉兴勇立潮头，积极作为，瞄准共同富裕示范区先行市的奋斗目标，出台《嘉兴深化城乡统筹推动高质量发展建设共同富裕示范区的典范城市行动方案（2021~2025年）》，明确了典范市的建设目标和重点任务。在高质量发展阶段，嘉兴不断通过改革创新开辟城乡融合新道路，争当全省示范区建设的先锋，努力为示范区建设和共富大局做出积极贡献。

## （二）嘉兴推进共同富裕具备坚实基础

嘉兴立足统筹城乡发展的先发优势和丰富实践，以城乡高水平融合为特色，全面缩小城乡、区域和收入差距，兼顾高质量发展与公平正义，让发展红利惠及全民。在改革破题和创新迭代中，嘉兴走出一条推进高质量发展、促进城乡融合、保障社会公平正义的共同富裕之路，为各地探索共同富裕道路贡献了宝贵经验和智慧。

### 1. 城乡融合聚优势

高质量发展推动城乡差距不断缩小、乡村振兴快速推进。2021年，嘉兴市财政总收入1122.77亿元，其中用于民生支出631.12亿元，占一般公共预算支出的79.5%。同年，全市858个村集体经常性总收入达50.64亿元，村均590万元；年经营性总收入达19.37亿元，村均225万元；年经常性收入达到150万元且经营性收入达到50万元的行政村占比达到90%，所有村集体的年经常性收入都超过100万元，农村居民人均可支配收入首次超过4万元（43598元），连续18年居全省地市首位。城乡居民收入比为1.60（见图8-1），低于全省（1.94）和全国（2.50）水平。

205

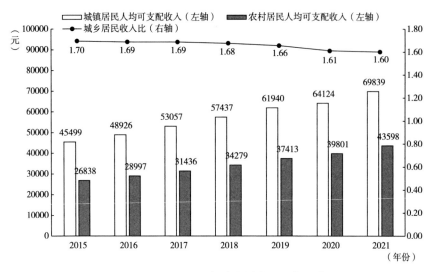

图 8-1　2015~2021 年嘉兴城乡居民收入情况

注：城乡居民收入比为城镇居民人均可支配收入与农村居民人均可支配收入的比值，按当年绝对值计算。

数据来源：历年《嘉兴统计年鉴》《嘉兴市国民经济和社会发展统计公报》。

## 2. 区域并进齐发展

嘉兴在追求高质量发展的同时，塑造区域协调和均衡发展格局。以 2020 年为例，嘉兴下辖五个县（市）财政总收入均超过 100 亿元，各地区的城乡居民收入比为 1.5~1.65（图 8-2），农村居民人均可支配收入在 3.8 万元到 4.2 万元之间，城镇居民人均可支配收入在 5.8 万元到 6.8 万元之间。值得关注的是，各地区保持均衡发展的同时，城乡统筹水平全面提升，在共同进步方面取得显著成效。根据《2020中国城乡统筹百佳县市榜单》对全国县市城乡统筹水平的评价结果，嘉兴五县（市）两区全部排名全国前 40。

## 3. 社会公平显活力

嘉兴的共同富裕之路充分体现公平正义的要求，统筹城乡基本公

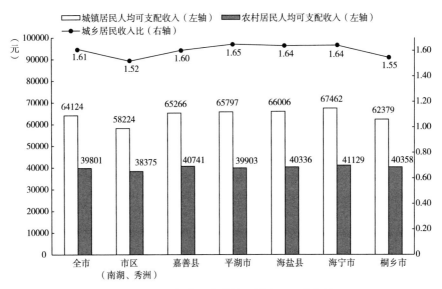

图 8-2　2020 年嘉兴市分地区城乡居民收入情况

数据来源:《嘉兴统计年鉴 2021》。

共服务，对中低收入和困难群体给予更多关注，让高质量发展与增进民生福祉同频共振。嘉兴社会保障制度已经扩展覆盖城乡所有人群，2021 年，城乡居民最低生活保障标准提高到每人每月 920 元，最低月工资标准提高到 2070 元。全市基本养老保险、基本医疗保险参保人数分别达 348.93 万人和 427.33 万人，分别比上年增长 2.4% 和 0.9%；失业保险参保人数达 160.56 万人，同比增长 2.7%，全市城镇登记失业率 1.82%。从社会保险参保结构来看，以 2020 年城镇职工参保人数与城乡居民参保人数之比（见图 8-3）为参考，嘉兴明显高于浙江和全国平均水平，凸显发展成果普惠性与基本公共服务均等性。

### 4. 改革创新树典范

嘉兴通过改革创新保障各项事业可持续发展，在共同富裕道路上始终保持强劲发展动力，其经验为各地树立样板。嘉兴在全省率先启

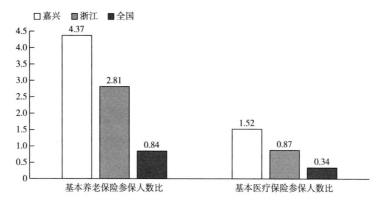

图 8-3  2020 年全国、浙江和嘉兴城镇职工与城乡居民社会保险参保情况比较

数据来源:《嘉兴统计年鉴 2021》《浙江统计年鉴 2021》《中国统计年鉴 2021》。

动要素市场化配置改革,以"亩产效益"为核心的工业企业绩效综合评价办法在全省推广。在全国率先实现城乡低保标准同标同保、优质医疗资源"双下沉、两提升"、县域医共体建设等,成为全省、全国样板,基本公共卫生绩效评价全省第一。建成首个国家义务教育发展基本均衡市,创建国家公共文化服务体系示范区,创立城乡一体化的市、镇、村三级公共图书馆网络服务体系,连续十六年被授予"平安牌",三次获得"全国社会治安综合治理优秀市",未来社区建设试点项目已经全面启动和开工。

# 三  嘉兴推进共同富裕的定位与目标

嘉兴走高质量发展、公平正义、机会均等的共同富裕道路,要与经济、社会、生态、文化、治理等层面的现代化实现过程相呼应,在建设共同富裕过程中体现全体、全面、公平、有序的理念,营造共建、共富、共享的共同富裕格局。

## （一）发展定位

立足国家迈向共同富裕新征程，在浙江大力推进高质量发展建设共同富裕示范区的背景下，嘉兴围绕"建设共同富裕示范区的典范城市"做出部署。嘉兴城乡融合发展走在全省前列，有良好的基础条件进行先行探索。在新发展阶段，嘉兴要明确"共同富裕典范城市和社会主义现代化先行市"的发展定位，争创"国家共同富裕排头兵"和"全省共同富裕先行市"，探索从城乡融合到城乡共富，最终实现共同富裕的路径。

一是争创国家共同富裕排头兵。走高质量发展道路，做好收入分配，稳固和提升基本公共服务普惠、基层治理现代化等方面的优势，形成可复制的发展经验，在全国层面树立共同富裕的典范。

二是建设全省共同富裕先行市。对标杭州、宁波等城市，率先在体制机制方面先行先试，突出区县特色和发展优势，打造若干前沿试点和模式，持续释放发展动能，示范带动省内后富地区。

## （二）阶段目标

到 2025 年，嘉兴建设共同富裕示范区的典范城市取得明显实质性进展，在推动高质量发展基础上，区域、城乡、收入差距进一步缩小，率先突破发展不平衡不充分问题，率先推动共同富裕理论创新、实践创新、制度创新、文化创新，形成阶段性标志性成果，成为长三角一体化发展新增长极，基本建成共同富裕先行市。其中涉及共同富裕的关键指标发展水平预期如下。

市人均地区生产总值达到中等发达经济体水平，居民人均可支配收入达到 7.8 万元，与人均地区生产总值之比持续提高，城乡居民收入比缩小到 1.58 以内，城镇居民、农村居民内部高低收入人群收入差距缩小，农村居民收入持续领跑全省，城乡区域发展均衡度保持全国领先。教育主要发展指标居全省前列，县域义务教育校际优质均衡度居全省前列，劳动年龄人口平均受教育年限高于全省平均水平，人群主要健康指标全面达到高收入国家水平，人均预期寿命达到 83 岁，优质医疗资源供给更加充分、布局更加均衡，低保标准增幅不低于人均可支配收入增幅。

到 2035 年，推动高质量发展、高品质生活的共同富裕发展体制机制全面形成，发展不平衡和不充分矛盾基本解决，区域、城乡、收入差距全面缩小，实现全域基本公共服务均等化和高效覆盖，社会文明程度大幅进步，生态文明制度体系不断健全，社会治理体系率先实现现代化。在全省范围内作为共同富裕先行市的地位不断巩固，全民的全生命周期需求得到普遍满足，人的自由全面发展取得重大进步，"嘉兴经验"成为全国率先基本实现共同富裕的重要参考和样板。

# 四　嘉兴推进共同富裕的思路与战略

结合实现共同富裕的目标和思路，以高质量发展筑牢共同富裕基础，以改革创新为根本动力，以覆盖全体、公平正义、全面发展、渐进持续共筑四大理念，围绕区域联动、城乡融合和收入分配三个方面率先发力，聚焦六大重点任务，实现发展质量、分配结构、公共服务、基层治理、生态环境、空间布局等领域的全面提升和优化，构建有嘉兴特色的"3+6"发展战略。

## （一）发展理念

高质量推动经济社会持续发展，加快城乡深度融合，更加注重向农村、基层、相对欠发达地区倾斜，向困难群众倾斜，重点解决发展不平衡不充分的矛盾，保证人民收入与地区生产总值同步增长，优化分配手段，围绕物质生活、精神文化、社会保障、公共服务等多方面，全面缩小区域、城乡和各阶层差距，在区域层面树立共同富裕的前沿探索和典型经验。在把握共同富裕内涵基础上，应践行四大理念。

一是将共同富裕作为覆盖全体人民的发展目标。坚持高质量发展和先行示范，统筹城乡与产业发展，不断释放创业创新活力，大力提升全要素生产率。在实现全民共富基础上，让发展红利充分普及到城乡居民中的低收入群体、外来就业人员和农民工等群体，更多支持公益事业部门的发展。

二是将共同富裕作为彰显社会公平正义的发展目标。改善收入分配结构，推动收入差距稳步缩小，打造内涵丰富、结构合理的橄榄型收入分配格局。完善医疗、教育、养老、社会福利等基本公共服务体系的再分配和保障机制，让人民享有更加均等化的参与、发展、共享的权利和机会。

三是将共同富裕作为契合人民全面发展导向的发展目标。树立物质富裕与精神富裕相统一的理念，抓好精神文明和文化生活建设，培育和践行社会主义核心价值观，健全城乡一体的公共文化服务和文化产业体系，改善人居环境，提高社会治理精准性，全面提高居民的获得感、幸福感和安全感。

四是将共同富裕作为渐进持续推进的发展目标。走共同富裕道路需遵循规律、有序推进，以解决地区差距、城乡差距、收入差距三大问题为主攻方向，安排优先着力点，有的放矢。既要鼓励先富带后富、帮后富，又要尊重各地实际，积极寻求改革创新空间，实现阶段性发展战略间的有机衔接。

## （二）聚焦重点

以解决区域、城乡、收入三大差距问题为突破口，一是推进区域联动发展，优化各层级发展空间，激发基层单元的活力；二是加快城乡深度融合，突破城乡基本公共服务均等化和资源要素市场化的体制障碍，探索新型城乡形态和发展格局；三是提升低收入群体获利机会，建立精准帮扶和权益保护体系，改善就业创业环境，优化收入分配格局。

### 1. 推进区域联动发展

加快市域范围基本公共服务一体化，缩小城乡区域公共服务供给差距，推动区域基础设施统一规划、统一建设、统一管护。加快建成城际、市域、市内半小时交通圈。在土地利用和产业园区规划建设上，加快区域协同和共建共享，促进全域一体共同富裕。

塑造县（市、区）、镇、村三级联动发展空间，以县（市、区）为单位，鼓励通过横向联合、技术转让、人才培训、资金融通等形式，优化产业和公共资源配置，让先富地区帮助后富地区，提高后富地区资源开发水平和居民收入水平。

增强基层发展活力，有条件的县（市、区）以中心镇为载体打造一批宜居宜业的村镇群。社区探索迭代升级未来邻里、现代产业、公共服务、精神文化、特色风貌、绿色低碳、党建治理等场景，建成一批引领品质生活体验、呈现未来元素、彰显嘉兴文化的示范社区，按照未来社区理念稳步推进城市有机更新。

**2. 加快城乡深度融合**

推进城乡基本公共服务标准统一和制度并轨，重点加大对相对落后乡村的公共服务建设和转移投入，形成普惠、公平和高效覆盖的城乡基本公共服务体系。优化乡村建设的空间布局，持续改善乡村生产生活环境，补齐乡村公共服务和人居环境建设短板。

合理开发与利用乡村资源资产。鼓励农村集体经济组织及其成员盘活农村闲置宅基地和闲置农房。推进农村集体经营性建设用地入市，建立健全集体经营性建设用地入市增值收益分配机制。探索农村集体资产股权流转、抵押等实现形式，对接省内农村产权交易体系，推动市域内外部交易的互联互通。

推进数字城乡融合发展。要提高公共服务中数据治理与数据服务能力，丰富数字化在医疗、教育等公共服务中的应用场景，实现城乡联通和定点定向对接，丰富数字化形式的现代化治理手段。持续支持乡村信息基础设施建设，加大对农民数字应用能力专项培训，缩小数字鸿沟。

**3. 赋能中低收入群体**

分类改善和精准帮扶城乡低收入群体，对有劳动能力的，强化开发式帮扶，提高自我发展能力；对劳动增收能力较弱的，强化"帮扶＋保障"，探索建立低收入人群个人发展账户，逐步改善生活；对丧失劳动能力的，强化兜底保障，提高生活幸福感。

提高城乡低收入人口的创业就业能力，健全扶持中等收入群体后备军发展的政策体系，加大人力资本投入，激发技能人才、科研人员、小微创业者、高素质农民等重点群体增收潜力，让更多普通劳动者通过自身努力进入中等收入群体。

加大对低收入群体的权益保护，全面改善困难群体就业和生活。以农业转移人口为重点，持续深化户籍制度改革，完善积分入学和积分入住保障房制度。对有再就业能力和意愿的老龄人群、结构性失业群体等，借助政府、企业、社工组织等多方力量做好安置工作。

## （三）主要任务

### 1. 引领高质量发展

精准把握高质量发展的短板和着力点，将创业创新作为动力，不断拓宽城乡居民增收渠道，加快数字化变革，打造长三角一体化发展新增长极。

（1）持续释放创业创新动能

加快产业转型升级、提升核心竞争力，多效并举服务企业做大做强，积极鼓励企业积极对接资本市场。扶持中小微企业和个体工商户创业。落实普惠性小微企业和个体工商户税费优惠政策，加大就业创业对乡村振兴的支持力度，畅通各类劳动者创业创新通道。鼓励吸引优秀高校毕业生来嘉就业，优化高校毕业生参与科研项目研究、创业创新补贴，继续实行高校毕业生补贴政策。积极引进高校、科研院所、企业和个人的技术成果实现技术交易。依托实训基地实施系统轮训，实施针对基层干部的共富能力提升工程。

（2）拓宽城乡居民增收渠道

大力发展新产业新业态，提高现代服务业、先进制造业从业人员所占比重。深化劳动关系综合配套改革，推进构建和谐劳动关系综合试验区建设，创造公平就业环境，率先消除户籍、地域、身份、性别等影响就业的制度障碍。壮大新型农村集体经济，增加低收入农户资产性收入。开发乡村民宿、农村电商、休闲农业、宠物园艺等新兴业态，高质量建设农业经济开发区，充分发挥政府补贴、社会资本与乡村资源资产合力，汇聚高端应用型农业创业人才，推动传统产业提质增效，保障农村居民可支配收入增长高于经济增长速度。

（3）加快经济社会数字化转型

加快形成一批数字产业集群，实现产业大脑应用和工业互联网平台全覆盖，打造新智造企业群体。推进"城市大脑＋未来社区"的数字社会综合应用建设，开展数字生活新服务行动，通过企业云化、商家上线行动，引进培育数字生活开放平台，充实丰富在线教育、在线医疗、在线文体等线上消费业态。推动各类数字化平台开发适应弱势群体需求的功能模块和接口，降低公共服务领域新技术使用门槛。探索并展数字化制度和标准体系建设，制定消除数字鸿沟的政策，保障不同群体更好共享数字红利。

**2. 优化收入分配**

坚持政府主导，健全最低生活保障与帮扶机制，同时发挥市场机制和社会帮扶的作用，改善收入分配格局，提高中等收入群体规模，形成多元投入的共富建设保障。

（1）健全最低保障与帮扶机制

稳步提高低保标准，综合考虑经济社会可承受度、居民人均消费支出或人均可支配收入等方面的因素，完善低保动态调整制度，采用与上年度全市城镇居民人均生活消费支出挂钩的自然增长机制，稳步提高保障标准。加大对低收入户的救济、补贴和扶植力度，组织企业、社会组织等各方力量，推行区域、城乡间的"对口扶持"活动，加快农村地区剩余劳动力转移。

（2）提高中等收入群体规模

多措并举减轻中等收入家庭在教育、医疗、养老、育幼、住房等方面的支出压力，稳定中等收入群体，优化中等收入社会结构。完善党政机关、企事业单位和社会各方面人才顺畅流动的制度体系，规范招考选拔聘用制度，保障不同群体发展机会公平，畅通社会流动渠道。依法规范收入分配秩序，建立完善个人收入和财产信息系统，依法保护合法收入，合理调节过高收入，取缔非法收入。

（3）积极发挥社会力量的作用

动用带头人、新乡贤、公益平台、慈善分会等社会组织力量，加强对高收入群体和企业家的宣传和价值引导，让他们通过自愿缴纳与自愿捐献等形式更多回报社会，形成努力艰苦奋斗、团结互助、捐赠光荣的社会风气，树立现代共富观。鼓励高收入群体和企业家捐赠股权设立慈善信托、慈善基金会等，强化对慈善和公益组织的评估监督，尽快形成政府、行业、慈善和公益组织、社会舆论组成的多元化治理体系，加强公益慈善事业规范管理，推动慈善和公益组织专业化、规范化、法治化发展。

**3.持续改善民生**

关注低收入者、失业人员、初次就业人员、农民工等重点群体，完善就业保障，建立针对困难群众的长效帮扶机制，实现城乡基本公共服务均等化发展。

（1）完善就业保障

健全城乡融合的公共就业创业服务体系，构建多渠道灵活就业的保障制度，整合盘活各类就业补助资金，用好基层公共就业创业服务平台。针对高校毕业生、退役军人和农民工等重点群体开展就业支持，引导和鼓励高校毕业生到城乡社区就业创业。加强低收入群体常态化帮扶，要以新生代农民工、结构性失业人群、有就业意愿的老龄群体等为重点对象，通过定向、定岗和订单式培训、帮扶和托底安置，确保零就业家庭动态清零。

（2）建立长效帮扶机制

加大困难群众医疗救助力度，扩大医保目录范围，探索医疗资金垫付机制，创新事前、事中、事后综合救助模式，让困难群众敢看病、看得起病。积极发展服务类社会救助，形成"物质＋服务"的救助方式。依据困难类型、困难程度实施类别化、差异化的项目救助。对有劳动能力和就业意愿的救助对象提供就业帮扶。加大对困难家庭子女的教育救助力度，积极预防和阻断贫困代际传递风险。

（3）健全城乡基本公共服务体系

深入"提标提速"行动，提升城乡居民社保整体待遇。改进城乡居民社保待遇调整方式，增加对缴费人群的倾斜力度，引入"多缴多得、长缴多得"机制，逐步建立城乡居民基本养老保险稳定调资体系。深化医共体医联体建设，优化医疗资源利用，提升基层队伍素质。优化农村教育资源供给，提升基层医疗卫生服务水平，让基本公共服务更多、更公平地惠及全民。

**4. 推进基层治理现代化**

坚持党建引领，强化社区的服务和联系职能，提高居民参与自治的积极性，注重防范和化解基层社会矛盾。探索和创新公共文化、数字技术等协同推进社会治理的有效方式，打造基层治理体系现代化样板。

（1）积极发挥党建引领作用

党建引领作为提升基层社会治理能力的根本路径，以点带面抓好基层党建工作，发挥基层党组织模范带头作用，把党的政治优势和组织优势转化为基层社会治理优势，选优配强"两委"班子，完善纵向到底、横向到边、有效覆盖的党员联系服务群众机制。强化基层党组织队伍保障，健全组织构架，加强治理专员配备，由单向管理向社会多元主体协商共治转变，提升基层党组织领导集体行动和社会治理的能力。

（2）促进基层治理体系现代化

强化基层社区服务功能，推进政务服务"最多跑一次"改革向基层特别是农村基层延伸。培育社会治理多元主体，拓宽群众参与社区自治的渠道，做深做实新时代"网格连心、组团服务"，打造人人有责、人人尽责、人人享有的社会治理共同体。加强基层社会矛盾风险预测、预警、预防，健全农村小微权力规范运行机制，推行民主协商、专家决策和公众听证等，防范和化解基层社会矛盾。

（3）创新治理手段

发挥文化软实力对基层社会治理的促进作用，重视优秀传统文化的导入和融入，优化公共文化服务的内容和品质，增加社会化参与力度。深化自治、法治、德治、智治"四治"融合，在乡村推广"股份分红＋善治积分"模式。开展数字乡村大数据标准体系建设，有效利用和切实管理好乡村大数据，提高在线治理平台的群众参与度，促进治理扁平化，提高治理精准性。

**5.改善基础设施和生态环境**

贯彻"两山"理念，坚持生态优先，加快改造和升级基础设施，全面改善城乡生态和人居环境，充分发挥行政、社团、个体等力量在生态保护中的作用，实现绿色可持续发展。

（1）加速基础设施迭代升级

牢固树立生态优先理念，加快路、电、水、网、体育、文化等农村基础设施建设，编制农村公路中长期发展规划，促进城乡交通高效融合，打造市域公交一体化示范样本。加强农村通信网络基础设施建设，加快实现 5G 信号重点区域连片优质覆盖。建立健全城乡基础设施一体化管护机制，强化田、水、林、路、电配套，公益性设施管护和运行支出纳入财政预算。

（2）全面改善人居环境

实行最严格的生态环境保护制度，推进"五水共治""五气共治""五废共治"，健全区域环境协同治理、应急联动机制。推进城市公园、森林公园、湿地公园建设，提升景观道路、景观河道建设水平，推进全域立体绿化美化，营造优美舒心的现代人居基本单元。大力推进新时代美丽乡村建设，扩充"五位一体"（县、镇、村、户和服务机构等）运维管理项目在环境保护领域的职能，健全生态环境督查考核机制。

（3）发挥不同主体作用

切实加强生态环境保护机构和队伍建设，进一步理顺生态环境保护综合行政执法机构体制机制，试行生态环境保护综合行政区域执法。完善环境信访问题发现网络体系，充分发挥工会、行业协会、商会、环保联合会等社会组织在生态环境治理中的作用，构建全域全时段的环保社会监督网络。加大生态环境知识培训力度，加强生态文明建设宣传，引导公民自觉履行环境保护责任。

### 6. 优化空间格局

改善城市格局优化共同富裕路径，围绕空间布局优化乡镇规划，借助项目合作来协调和扩充区域发展空间，以样板建设和试点推进为手段加快乡村振兴，塑造城乡发展新格局。

（1）优化镇村布局规划

结合国土空间规划编制优化村庄布点，合理布局乡村生产、生活、生态空间。深化驻镇、驻村规划师制度，推进"多规合一"实用性村庄规划编制。研究制定历史文化（传统）村落保护实施意见，探索开展未来村庄建设,打造一批具有嘉兴传统文化和城市特色的水乡典范。加强农房风貌管控与提升,高质量推进全域土地综合整治和生态修复,强化规划执行刚性。

(2)拓展区域发展空间

制定新发展阶段升级山海协作工程指导意见,与浙江其他地市开放平台结对共建,探索"双向飞地"模式,增加向各地市山区县反向建设"飞地"。对跨区域协作产业园,推行多主体合作的共建共享模式,按照产业链协同需求深化拓展公共服务等领域协作内容,构建实现精准结对、园区共建、项目共引、产业共兴、合作共赢的发展格局,打造一批长三角发展高能级平台。

(3)打造乡村振兴试点和样板

深入实施"强村富民"计划,全面提升村级集体经济发展品质,支持村级集体经济组织开展分红,实现"强村""富民"同频共振。全力推进嘉善县、海盐县新时代乡村集成改革试点,支持嘉善县、平湖市、桐乡市开展率先基本实现农业农村现代化试点。深入实施乡村公共服务提升工程,建立城乡居民基本养老保险稳定调资体系,着力提高养老服务水平,优化农村教育资源供给,加快形成新时代乡村改革的嘉兴经验。

# 五 推进共同富裕的保障措施

## (一)明确部门主体责任

完善共同富裕建设领导小组职能,积极协调、对接和推进各项重点工作。成立工作专班，深入落实上级政策，编制《重点任务清单》，明确各部门具体任务、责任和进度。紧扣嘉兴市专项规划和实施方案，统筹各层级各主要部门权责义务，每个县（市、区）都要梳理和出台重大项目和举措等，及时总结好经验好做法。

## （二）设定共同富裕标准

构建共同富裕评价体系，在可量化评价基础上聚焦重点领域和群众关切，体现未来发展方向，确保每一项指标都能落到实处，明确牵头单位。健全评估机制，全面反映共同富裕建设工作成效，更好反映人民群众满意度和认同感。相关部门要提出共同富裕先行市建设年度进程和时点目标，作为开展评价的重要依据。

## （三）规范资金利用方式

保护产权与合法致富，充分调动企业家积极性，促进各类资本规范健康发展。创新资金使用方式，在规范运作的基础上，因地制宜推行一事一议、以奖代补、先建后补、贷款贴息等方式，探索在有稳定收益的产业项目中推广PPP模式的实施路径。充分发挥财政资金在公益性项目中的引领撬动作用，拓宽资金筹措渠道，撬动社会资本支持基本公共服务。

## （四）营造人才发展环境

拓宽人才就业创业和社会流动通道，激发全社会创业创新的积极性和创造力。不断引进优秀人才，着力建设高层次人才团队，引导培育一批科技领军人才、现代企业家。支持企业家、高校毕业生、退役军人等返嘉创业就业。持续推进全民教育文化素质提升工程，加快社工等服务业实用人才培养，采取定向培养方式加速基层队伍年轻化、专业化。形成自身培养与引进人才相结合的人才体系，为共同富裕提供智力保障。

## （五）持续深化改革创新

全面推进国家城乡融合发展试验区建设，建立城乡经济融合发展制度安排长效机制，完善城乡资本、人才和土地双向流动的政策体系，促进城乡要素自由流动。健全有利于城乡基本公共服务普惠共享的体制机制，统筹全市社会事业发展，完善市域一体的规划审批机制，加快实施并落地一批重点建设项目和改革事项。深化农村产权制度改革，积极探索农民权益价值实现机制，发挥广大农民的积极性和创造性，为乡村发展注入新动能。

# 参考文献

[1] 陈培玉，王静芳.嘉兴全面启用电子居住证 [N].南湖晚报，2021-8-7（04 版）。

[2] 段宇锋，郭玥，王灿昊.嘉兴市城乡一体化公共图书馆服务体系建设 [J].图书馆杂志，2019（03）：59-71.

[3] 方芳，周国胜.农村土地使用制度创新实践的思考——以浙江省嘉兴市"两分两换"为例 [J].农业经济问题，2011（04）：32-35.

[4] 冯芳.我国中小学生师比与平均班额解悖分析——从我国与部分 OECD 国家的比较角度 [J].绵阳师范学院学报，2013（10）：132-137.

[5] 高传胜."十四五"时期推动公共服务高质量发展研究 [J].武汉科技大学学报（社会科学版），2021（05）：529-538.

[6] 韩磊，王术坤，刘长全.中国农村发展进程及地区比较——基于 2011~2017 年中国农村发展指数的研究 [J].中国农村经济，2019（07）：94-99.

[7] 贺学明，邓建华，张猛.嘉兴市农村"三权"自愿有偿退出机制研究（2020）[C]：陈雪原，李尧，孙梦洁.中国农村集体经济发展报告（2020），北京：社会科学文献出版社，2020.

[8] 黄良浩，傅小勇．村集体经济"飞地"抱团发展：实施乡村振兴战略的一个有效抓手——嘉善县村集体经济"飞地"抱团发展的做法和启示 [J].政策瞭望，2018（03）：29-31.

[9] 黄新华，何冰清．建立高质量的公共服务供给体系——提升公共服务供给质量的需求、障碍与路径 [J].学习论坛，2020（11）：46-53.

[10] 嘉兴市统筹城乡综合配套改革领导小组办公室．"十改联动"推进统筹城乡改革——嘉兴市推进统筹城乡综合配套改革试点进展 [J].浙江经济，2011（08）：20-21.

[11] 孔建，王莹．"两分两换"政策与农地利用变化的思考 [J].特区经济，2011（10）：159-161.

[12] 李爱民．我国城乡融合发展的进程、问题与路径 [J].宏观经济管理，2019（02）：35-42.

[13] 李鹏，王庆华．农民工市民化过程中户籍政策设计的比较研究——以成都和嘉兴为例 [J].中国经贸导刊，2014（26）：37-39.

[14] 刘合光．城乡融合发展的进展、障碍与突破口 [J].人民论坛，2022（01）：46-49.

[15] 鲁建爵，刘芳梅．对"两分两换"的新思考——以嘉善县姚庄桃源新邨社区为例 [J].现代商业，2013（24）：272.

[16] 罗平．都市圈城乡产业融合：基本特征、实现机制及政策建议 [J].农村经济，2021（06）：79-86.

[17] 吕玲，邓建华．嘉兴统筹城乡发展水平列全省第一 [N].嘉兴日报，2014-12-30（11）.

[18] 马健．产业融合理论研究评述 [J].经济学动态，2002（05）：78-81.

[19] 沈俊. 优化土地使用制度的改革探索——以嘉兴市"两分两换"试点工作为例 [J]. 浙江国土资源，2009（08）：42-45.

[20] 盛广耀. 中国城乡基础设施与公共服务的差异和提升 [J]. 区域经济评论，2020（04）：52-59.

[21] 苏红键. 城乡福祉均等化的内涵、评价与启示 [J]. 当代经济管理，2021（08）：24-32.

[22] 苏红键. 促进城乡义务教育公平的嘉兴经验与启示 [J]. 上海城市管理，2022（02）：35-40.

[23] 苏红键. 构建新型工农城乡关系的基础与方略 [J]. 中国特色社会主义研究，2021（02）：46-55.

[24] 苏红键. 教育城镇化演进与城乡义务教育公平之路 [J]. 教育研究，2021（10）：35-44.

[25] 苏红键. 数字城乡建设：通往城乡融合与共同富裕之路 [J]. 电子政务，2022（10）：88-98.

[26] 苏红键. 中国流动人口城市落户意愿及其影响因素研究 [J]. 中国人口科学，2020（06）：66-77.

[27] 苏红键. 中国县域城镇化的基础、趋势与推进思路 [J]. 经济学家，2021（05）：110-119.

[28] 苏毅清，游玉婷，王志刚. 农村一二三产业融合发展：理论探讨、现状分析与对策建议 [J]. 中国软科学，2016（08）：17-28.

[29] 孙晓莉，宋雄伟，雷强. 改革开放40年来我国基本公共服务发展研究 [J]. 理论探索，2018（05）：5-14.

[30] 王申峰. 嘉兴：推进高水平城乡融合书写高质量共同富裕的财政答卷 [J]. 中国财政，2021（21）：14-17.

[31] 魏后凯. 深刻把握城乡融合发展的本质内涵 [J]. 中国农村经

济，2020（06）：5-8.

[32] 翁胜斌，李勇，周国胜 . 农村土地使用权改革的制度创新——基于嘉兴"两分两换"经验的理论分析 [J]. 农村经济与科技，2011（02）：17-19.

[33] 吴金华，何小云，潘杰，陈瑜，曾现锋 . 平湖青田坚持党建引领以"飞地抱团"消薄新模式打造山海协作升级版的经验启示 [J]. 农业农村部管理干部学院学报，2019（03）：94-96.

[34] 习近平 . 扎实推动共同富裕 [J]，求是，2021（20）：4-10。

[35] 肖滨 . 构筑共和国的微观基础——对桐乡"三治融合"实践经验尝试性的一种理论解读 [J]. 治理研究，2020（06）：11-12.

[36] 熊兴，余兴厚，黄玲 . 基本公共服务可及性的逻辑内涵、评价指标及实现路径 [J]. 改革与战略，2021（08）：69-79.

[37] 徐保根，杨雪锋，陈佳骊 . 浙江嘉兴市"两分两换"农村土地整治模式探讨 [J]. 中国土地科学，2011（01）：37-42.

[38] 姚杰，杭超 . "飞地抱团"：强村富民新通道——浙江嘉善县创新模式助推村集体经济发展 [J]. 农村工作通讯，2020（20）：15-16.

[39] 于法稳 . "十四五"时期农村生态环境治理：困境与对策 [J]. 中国特色社会主义研究，2021（01）：44-51.

[40] 曾长秋，胡馨月，李邦铭 . 马克思恩格斯城乡关系思想的哲学审视 [J]. 求实，2013（02）：4-8.

[41] 张辉 . 全球价值链理论与我国产业发展研究 [J]. 中国工业经济，2004（05）：38-46.

[42] 张薇 . 我国基本公共服务均等化的发展历程和建设策略 [J]. 哈尔滨工业大学学报（社会科学版），2019（06）：123-129.

[43] 浙江省农业和农村工作办公室.浙江农村改革试点之嘉兴篇:"两分两换"先行先试 "十改联动"整体推进 [J].农村工作通讯,2011（19）：19-20.

[44] 浙江省发展规划研究院课题组.有序推进农业转移人口市民化——浙江有序推进农业转移人口市民化的思路与对策 [J].浙江经济，2014（11）：36-38.

[45] 甄延临，黄贵超.城乡统筹背景下的市域总体规划编制探讨——以嘉兴市为例 [J].城市发展研究，2012（02）：60-65.

[46] 周建新.走优质均衡之路——浙江省嘉兴市推进教育全面发展的实践与探索 [J].中国教师，2017（24）：28-32.

[47] 周振华.产业融合拓展化：主导因素及基础条件分析（上）[J].社会科学，2003（03）：5-14.

[48] 朱喜钢，崔功豪，黄琴诗.从城乡统筹到多规合一——国土空间规划的浙江缘起与实践 [J].城市规划，2019（12）：27-36.

**图书在版编目(CIP)数据**

共富之城 / 蔡昉, 魏后凯主编. -- 北京：社会科
学文献出版社, 2023.1（2023.4重印）
ISBN 978-7-5228-1099-7

Ⅰ. ①共… Ⅱ. ①蔡… ②魏… Ⅲ. ①共同富裕－经
验－嘉兴 Ⅳ. ①F127.553

中国版本图书馆CIP数据核字（2022）第236012号

## 共富之城

主　　编 / 蔡　昉　魏后凯

出 版 人 / 王利民
责任编辑 / 陈凤玲　武广汉
责任印制 / 王京美

出　　版 / 社会科学文献出版社·经济与管理分社（010）59367226
　　　　　 地址：北京市北三环中路甲29号院华龙大厦　邮编：100029
　　　　　 网址：www.ssap.com.cn
发　　行 / 社会科学文献出版社（010）59367028
印　　装 / 唐山玺诚印务有限公司

规　　格 / 开　本：787mm×1092mm 1/16
　　　　　 印　张：15.25　字　数：188千字
版　　次 / 2023年1月第1版　2023年4月第2次印刷
书　　号 / ISBN 978-7-5228-1099-7
定　　价 / 88.00元

读者服务电话：4008918866